MW01118587

ARTEMIO DE VALLE-ARIZPE

DE LA NUEVA ESPAÑA

ARTEMIO DE VALLE-ARIZPE

DE LA NUEVA ESPAÑA

Prólogo de
Leonardo Martínez Carrizales

De la Nueva España

D.R. © Editorial Lectorum, S.A. de C.V., 2006
Centeno 79-A, Col. Granjas Esmeralda
C.P. 09810, México, D.F.
Tel.: 55 81 32 02
www.lectorum.com.mx
ventas@lectorum.com.mx

L.D. Books
8313 NW 68 Street
Miami, Florida, 33166
Tel. (305) 406 22 92 / 93
ldbooks@bellsouth.net

Primera edición: mayo de 2006
ISBN: 970-732-155-5

Impreso y encuadernado en México
Printed and bound in Mexico

Cornucopia de la Nueva España

Leonardo Martínez Carrizales

La hora de España en México

El escritor Artemio de Valle-Arizpe nació en la ciudad de Saltillo, Coahuila, el año de 1888. En virtud de su fecha de nacimiento, Valle-Arizpe puede ser considerado como un integrante de la generación del Ateneo de la Juventud, grupo en el cual se reúnen personalidades nacidas entre 1880 y 1895, de acuerdo con la aritmética generacional propuesta por José Ortega y Gasset y adaptada al caso mexicano por historiadores como Luis González.[1] Por ejemplo, un año antes del nacimiento de nuestro autor había venido al mundo Martín Luis Guzmán; un año después, Julio Torri y Alfonso Reyes. De manera similar a los miembros de esta brillante generación de la cultura mexicana, Artemio de Valle-Arizpe se dio a conocer como escritor durante el segundo decenio del siglo XX. En 1918 publicó su primer libro, *La gran ciudad de México-Tenustitlán, perla de la Nueva España, según relatos de antaño y de hogaño*. En 1915, Martín Luis Guzmán había dado a conocer los artículos que constituyen *La querella de México*. En 1917, Reyes había hecho pública su rememoración de la ciudad capital de los aztecas según la pretendida perspectiva que de ella tuvieron los conquistadores en 1519, *Visión de Anáhuac*. Ese mismo año corresponde a la estampa de *Ensayos y poemas*, de Torri. Otro tanto podría decirse acerca de la iniciación editorial y periodística de Antonio Caso, Pedro Henríquez Ureña y José Vasconcelos, para no citar sino los nombres más notables del grupo.

Es posible trazar un parentesco entre algunas páginas contenidas en los libros de estas personalidades gracias a su brevedad, la depuración de su estilo, su tema mexicano, la exploración que llevan a cabo en los depósitos castizos de la tradición literaria, la oscilación de su género en una zona dominada por el ensayo, y sus referentes librescos. Sin embargo, quizá las obras más características de Artemio de Valle-Arizpe sólo admitan la afinidad profunda con los escritos de Mariano Silva y Aceves reunidos en *Arquilla de marfil* (1916), breve y esencial autor del Ateneo como lo fuera Julio Torri, y hombre de letras embelesado con los fastos del pasado español de México como lo fuera Valle-Arizpe. Para la explicación de nuestra materia, conviene citar un pasaje del ensayo que el crítico Antonio Castro Leal dedicó a la obra del prosista michoacano nacido en 1887:

> Entre los cuentos [de *Arquilla de marfil*] hay algunos de tema colonial, género que, a poco, estaría en boga y cuyas primeras muestras fueron los sabrosos relatos del peruano Ricardo Palma y las narraciones eruditas de Luis González Obregón. Pero los cuentos de Silva y Aceves, además de presentar un episodio o un suceso de aquella época, daban un desenlace, una explicación o un sesgo que mostraba un aspecto original e inesperado del acontecimiento narrado o del carácter de los personajes que intervenían en él. No se trataba simplemente de revivir un suceso histórico o tradicional, sino de mostrar, unas veces, que en la sustancia de la historia suele entrar más la imaginación que la realidad, o bien que los hombres, aun los más razonables, son débiles esclavos del error o de la perversidad.[2]

Desde el punto de vista de la prosa, los ateneístas representan la declinación del modernismo hacia latitudes más severas de la expresión, poco exploradas por la gracia de la escritura a la manera de Manuel Gutiérrez Nájera, Rubén Darío, José Enrique Rodó y Enrique Gómez Carrillo. A este respecto, Alfonso Reyes y Pedro Henríquez Ureña hubieran preferido caracterizar la tarea de su generación como fruto de la seriedad en la práctica del oficio y la depuración de los hábitos expresivos del modernismo. Y, en efecto, los libros y los autores que hemos traído a cuento para situar la obra de Artemio de Valle-Arizpe demuestran la moderación de estos personajes en su trato con la "querida" de París y la renovación de sus votos matrimoniales con la cultura española.

El retorno a España practicado por el Ateneo de la Juventud en el periodo del cual estamos hablando implica el trato con una cultura que estaba en trance de replantearse a sí misma, renovarse y, como se decía habitualmente entre los depositarios de la crisis de 1898, *regenerarse.* Gracias a esta reorientación de la cultura literaria de México hacia una España moderna y crítica de su propia herencia cultural se explica la rectificación del "galicismo mental", que fuera orgullo del modernismo, llevada a cabo por los autores jóvenes de la época mediante los depósitos castizos de la historia mexicana. Por vez primera, luego del triunfo definitivo de la causa republicana en el México del siglo XIX, España no representaría en la imaginación de los intelectuales mexicanos el modelo del oscurantismo, el clericalismo y el abuso de poder; al contrario, la orilla española de la historia de México significó la posibilidad de sumarse al cuadro de las culturas modernas de Occidente.

Esta rectificación comenzó, gracias al Ateneo de la Juventud, por el estudio riguroso de la literatura, la cultura y la historia de España, y terminó, en virtud de una de las derivaciones de este grupo de escritores, en la alabanza, la imitación y la recreación del tronco español de México. En el primer caso, es menester invocar los planteamientos de Pedro Henríquez Ureña acerca del Medioevo y el Renacimiento españoles, y el peso de esta tradición sobre su natal Santo Domingo, además de todo cuanto Alfonso Reyes investigó y escribió en

Madrid durante su estancia de diez años entre 1914 y 1924; en el segundo caso, nuestro lector ya se habrá dado cuenta de que hemos señalado en dirección del movimiento conocido en la historia de la literatura mexicana como Colonialismo.

Artemio de Valle-Arizpe participó de ambas facetas del reencuentro de México con España. Así se explica su pertenencia a un entorno sociocultural marcado por el ánimo de conocer y documentar el pasado español. Incluso llegará a compartir con Alfonso Reyes, en Madrid, entre 1919 y 1920, la encomienda gubernamental de clasificar y repatriar los documentos europeos para la historia de México que había reunido Francisco del Paso y Troncoso. Por cierto, esta comisión nos hace recordar a su presidente, Francisco A. de Icaza, a quien el propio Reyes ha señalado como el especialista a quien se recurría en esos años en busca de consejo para dirigir los pasos en el camino de los estudios españoles. Por lo demás, pensemos en la línea de la trayectoria de Artemio de Valle-Arizpe que se desprende de su primer libro: labor de estudioso y de erudito que se prolonga en obras como *El Palacio Nacional de México. Monografía histórica y anecdótica* y *Andanzas de Hernán Cortés*. No obstante esta contribución estimable al conocimiento de la tradición hispánica, las prendas más notables de nuestro escritor deben situarse como practicante fiel y escrupuloso de las convenciones del Colonialismo, movimiento del cual no se apartó a lo largo de toda su vida, interrumpida en 1961.

El designio nacional de los escritores colonialistas

El nombre de Artemio de Valle-Arizpe ha terminado por identificarse con el movimiento literario llamado Colonialismo; un movimiento ocurrido entre 1917 y 1926, según la perspectiva historiográfica de José Luis Martínez. Entre quienes practicaron esta "moda" destacan Francisco Monterde, Julio Jiménez Rueda, Ermilo Abreu Gómez, Genaro Estrada y Manuel Toussaint.[3] Sin embargo, mientras estos autores derivaron hacia otros modos de la expresión, Valle Arizpe se obstinó en seguir cultivando la parcela original, hasta convertirse con el paso de los años en el único jardinero de este predio. Por tal motivo se ha hecho difícil separar el nombre de nuestro escritor del sello del Colonialismo. Citemos la definición que Castro Leal propuso de este movimiento y el sitio que en éste confiere a Valle-Arizpe:

> Colonialismo suele llamarse al interés que, como tema literario, sienten algunos escritores por los sucesos y los personajes, los usos y las costumbres de la época colonial, es decir, del periodo histórico durante el cual las naciones hispanoamericanas fueron colonias de España y que abarca unos trescientos años, que van de principios del siglo XVI a principios del siglo XIX. [...] La novela colonialista se ha seguido cultivando en México [...] por el propósito de presentar un ambiente de vida tradicional y aristocrática, de personajes de idealizada nobleza y de escenarios con toques arqueológicos de suntuosidad y arte. El escritor más importante de nuestro tiempo que ha explotado esta concepción, y que quiso, en ese mundo virreinal, escapar de las complicaciones y duras realidades de la vida moderna, fue Artemio de Valle-Arizpe, que, a su evocación tan imaginaria y melosa del pasado, agregaba un estilo intemporal y decorativo que daba a sus personajes y sus historias una poesía deliberadamente convencional.[4]

En los libros que Artemio de Valle-Arizpe escribió a lo largo de su dilatada trayectoria creativa, las premisas del Colonialismo alcanzaron su manifestación más plena luego de haberse depurado tras varios años de ejercicio fuera del alcance de la "moda", por utilizar una vez más este vocablo debido a José Luis Martínez. Emmanuel Carballo ha señalado la persistencia de nuestro escritor en las filas del movimiento colonialista: "De 1918 a 1961, en más de media centena de libros, no flaqueó en sus convicciones: permaneció fiel al Virreinato e insensible a la transformación política y social que trajo consigo el movimiento armado de 1910".[5] Entre los propósitos del Colonialismo que se afinan gracias a los escritos de Valle-Arizpe, cabe destacar la recreación de los personajes, los objetos, las costumbres y la organización social del pasado virreinal de México; el ejercicio de una lengua literaria deliberadamente arcaica en todos sus niveles, comenzando por el léxico y concluyendo por las figuras de pensamiento y de expresión; la elaboración con propósitos estéticos de pasajes históricos y leyendas asociados a los tres siglos de dominación colonial; y la documentación con fines propagandísticos de ciertos aspectos políticos, sociales y culturales del mismo periodo. Se trata de una tendencia que se desarrolló durante los primeros lustros del siglo XX a caballo entre la literatura y la historia; un movimiento que no fue ajeno a ciertas intenciones doctrinales como las que Carballo ha compendiado en esta frase: "los propósitos que normarán sus creencias [son] la alabanza del pasado y el menosprecio del presente".[6] Este menosprecio y esta alabanza llegaron a ser tan intensos en el caso de Valle-Arizpe que se convirtieron en norma de su conducta personal. Su aspecto, su vivienda, sus pertenencias se volvieron emblema del Colonialismo. En este sentido, reproducimos las siguientes palabras de Genaro Fernández Mac Gregor:

> No es común que haya constancia entre la obra de un literato y su manera de vivir. Pero en el caso de Valle-Arizpe la ecuación es perfecta. Entrar a su domicilio es traspasar con él las lindes de la encantadora cornucopia para vivir en pleno virreinato. Todo es hierros forjados, cofres y cajoneras de taracea; sillones fraileros chatonados, arañas con arandelas, velas con guardabrisas, colgaduras de velludillo o de damasco, bargueños, braseros, clavicordios, paramentos sacerdotales que esbozan sus formas arcaicas entre perfumes de incienso y sándalo, de cantueso y

espliego, flotando en un ambiente de silencio recogido y casi monacal.[7]

Actualmente, los críticos y los estudiosos conceden escaso valor a las tareas que los escritores del Colonialismo rindieron en el predio de la historia; en cambio, este movimiento es un capítulo necesario para comprender el desarrollo de la literatura mexicana, capítulo contemporáneo de las manifestaciones iniciales de la vanguardia y el nacionalismo revolucionario. La sola convivencia del Colonialismo con estas orientaciones estéticas de la modernidad durante los primeros años del siglo XX nos obliga a reconsiderar seriamente su caracterización como un movimiento conservador y aun reaccionario. Estos epítetos no sólo son injustos para quienes practicaron este modo de expresión, sino que nos impiden comprender el sentido que articuló este acontecimiento en nuestra cultura. A este respecto, Emmanuel Carballo ha externado una tesis que merecería una discusión muy detenida:

> Al mismo tiempo que acto evasivo, el Colonialismo fue una inmersión en lo nuestro, una tendencia nacionalista. Si López Velarde encuentra y expresa la provincia, si Ponce torna "nacional" la música, si Herrán es uno de los precursores de la escuela mexicana de pintura, los colonialistas son asimismo exponentes de lo autóctono: vitalizan la tradición, fijan y depuran el lenguaje, destruyen añosos prejuicios y amplían en tres siglos la historia de México.[8]

Sin embargo, el nacionalismo de escritores como Artemio de Valle-Arizpe ha de ponderarse en el territorio de las operaciones simbólicas de nuestra cultura, al margen de las relaciones mecánicas entre la política, la sociedad y la creación literaria. El Colonialismo no implica un proyecto de restauración del Antiguo Régimen ni propone la recuperación de la monarquía católica como forma de gobierno y pauta de la organización social; el Colonialismo no sólo responde a la necesidad de evadirse del presente como manifestación de rechazo a las condiciones del desarrollo histórico de México. En lugar de esta clase de suposiciones, sería más apropiado reconocer que los escritores colonialistas se propusieron la rememoración poética del pasado, la recuperación literaria de un mundo perdido. Si se ha de hablar de historia, hablemos entonces de una historia cernida por el cedazo de la literatura; una historia sollamada de leyenda.

En efecto, si el empeño y las capacidades historiográficas de los escritores colonialistas resultaron más bien modestos luego del paso de los años y del desarrollo de una verdadera reflexión científica sobre la sociedad virreinal; en cambio, las convenciones y los estereotipos literarios que forjaron estos autores resultaron de gran eficacia en cuanto a su capacidad para representar con verosimilitud la vida en el Virreinato de la Nueva España. Estos estereotipos y estas convenciones fueron desarrollados con notable talento por los autores del Colonialismo para suscitar en nosotros la ilusión de la vida social que se verificó en nuestro territorio entre el siglo XVI y el XVIII. Lo suyo son los arcaísmos de la expresión lingüística y los tipos de una sociedad que sólo vive en el recuerdo emocionado y nostálgico de quien observa la transformación de un régimen republicano sometido a fuertes tensiones democráticas. Lo suyo es la restitución, todo lo arbitraria que se quiera a la luz de los saberes especializados que norman actualmente la investigación de las sociedades, de una zona de la memoria de México: la restitución del pasado español propio de una comunidad política que se había empeñado durante una buena parte del siglo XIX en desconocer, cuando no rechazar, ese pasado. En los libros de los escritores colonialistas no elogiamos la verdad histórica, sino la ilusión literaria, un efecto de la escritura por el cual conviene tener respeto dada su importancia en la constitución de la identidad de un grupo social. Tal ilusión es la que el lector podrá experimentar cuando lea *De la Nueva España*, de Artemio de Valle-Arizpe, libro al cual estas líneas sirven de prólogo.

El florilegio de una sociedad legendaria

El propósito de *De la Nueva España*, libro publicado por vez primera en 1956, no parece ser otro que el de proporcionar al lector la ilusión de la cual ya hemos hablado: contemplar por algunos instantes a una comunidad social ya desaparecida gracias a los instrumentos y los valores de la imaginación que un hombre de letras había tenido a mano a principios de siglo XX, en un entorno favorable al estudio de la tradición española. Estos valores y estos instrumentos tenían la sal de romanticismo, es decir, reclamaban un pasado legendario para el México de las postrimerías del Porfiriato y el nacido de la Revolución Mexicana; un pasado exornado de pasiones sublimes, objetos delicados, misterios, supersticiones y milagros, personajes rodeados por el prestigio de la abnegación, el heroísmo, el crimen... Por ello este libro se concentra en representar las infidencias, los milagros, los amores soterrados, las condenas inquisitoriales, la fe genuina en Cristo, la fe simulada, la vanidad, los actos de renunciación, las jerarquías sociales, los oficios, los medios de transporte, la vestimenta y, en fin, el paisaje humano y natural que la imaginación moderna, de la mano de Valle-Arizpe, pudo atribuir a la Nueva España. Como ya lo hemos expuesto, el valor que gobierna a este libro no es la verdad histórica, sino la verosimilitud literaria, la eficacia de la representación poética. Pero esta representación renuncia a tener en cuenta el relieve psicológico de los personajes, el fondo moral de las acciones, el entramado civil de las relaciones humanas. Las páginas que el lector tiene ante sí representan con fuerza escenarios de una sola dimensión. Conviene estudiar las afirmaciones de Fernández Mac Gregor acerca de esta peculiaridad del sistema de representación ejecutado por nuestro autor:

> Sus personajes [de Artemio de Valle-Arizpe] son los que llenaron con sus nombres los fastos del virreinato; pero no hay que tomarlos al pie de la letra, pues nos los presenta con psicologías ingenuas [...]. Son sus protagonistas todos buenos cristianos, o grandes pecadores (más aún éstos con la cruz latente dentro del pecho); están fabricados de una pieza, dignos, aunque un poco huecos, desvaídos como una tapicería medioeval, ingenuos como los personajes de los cuentos de niños.[9]

La fuerza de la representación convencional urdida por Valle-Arizpe es tal que termina por imponerse, ya no digamos sobre la documentación histórica del periodo y la profundidad psicológica de los personajes, sino sobre la adecuación de estos escritos a un género literario definido y constante. En efecto, *De la Nueva España* no es meramente un libro de cuentos, ni tampoco una recopilación de leyendas, estampas, viñetas, crónicas o cuadros de costumbres, aunque participa de todos estos registros de la organización de los textos. Cualquier expectativa por identificar las páginas de este libro con los rasgos dominantes de los géneros que allí convergen se verá defraudada. Artemio de Valle-Arizpe domina a tal grado las convenciones de su sistema de representación literaria que sabe tomar en su beneficio cuanto necesita del cuento, o de la viñeta, o del cuadro de costumbres y, a tiempo, sabe apartarse de lo que ya no conviene a su voluntad expresiva. En verdad sólo está interesado en la representación convencional de las figuras y los escenarios sublimes del pasado español de México; sólo quiere trasmitirnos la emoción suscitada por el relato de los favores dispensados clandestinamente por una "ardorosa mujer" y las venganzas nocturnas a las cuales dio lugar la mansedumbre de un fraile que recibe como un obsequio de Dios la noticia de la muerte de Carlos V, la piedad y la serenidad con la cual un "santo de otra fe" recibe la injusta muerte de las llamas dictadas por el Santo Oficio, las peripecias animadas por el "trágico furor" de la "monja-alférez", la alegría propiciada gracias al testimonio de una vida buena, el pánico a que daban ocasión los designios secretos de la burocracia imperial, la sorda querella sostenida por un predicador de buenas costumbres en contra de los pronunciados escotes de las mujeres hermosas de la comarca, la dulzura de un amor inaugurado en virtud de un cruce de miradas y sostenido por encima de la distancia durante toda la vida... Apenas logra configurar ante nosotros el motivo de su memoria emocionada, y Artemio de Valle-Arizpe da término a su texto. *De la Nueva España* es un florilegio que colecciona escenas dispersas en el suelo mexicano entre los inicios del siglo XVI y las postrimerías del régimen colonial. Aunque la organización de estas escenas obedece al curso lineal de los tres siglos de dominación española, *De la Nueva España* no suscita la impresión del paso del tiempo. Por el contrario, estas páginas, a pesar del desplazamiento espacio-temporal de los motivos que contienen, construyen la imagen de una sociedad legendaria, a salvo de los accidentes del cambio.

Los recursos de la representación del pasado virreinal puestos en juego por Valle-Arizpe tienen como denominador común la abundancia. Estamos ante una estrategia barroca cuando leemos *De la Nueva España.* Por un lado, es notable la opulencia en la descripción de los escenarios y de los actores; por otro, también lo es la riqueza del vocabulario del cual se echa mano en tales descripciones. Artemio de Valle-Arizpe parece suponer que la verosimilitud se alcanza gracias a los detalles con los cuales construye prolijamente sus textos. En este sentido, es un escritor suntuoso, demorado, meticuloso. Conoce los secretos de las prendas de vestir de sus personajes, sigue familiarmente el curso de una ceremonia inquisitorial, evoca con precisión los reflejos que produce una joya montada en un engaste propio de la época, recorre con habilidad la distribución de los espacios de un templo, etcétera. En correspondencia con estas imágenes sobrecargadas, hay que señalar la abundancia del vocabulario, el torrente de las palabras. Hay en Artemio de Valle-Arizpe un lexicógrafo que documenta el tesoro verbal de la Nueva España, tal y como ha podido estudiarlo en los viejos papeles que frecuentó. Por el caudal del vocabulario, la figura de la expresión preferida por nuestro escritor es la enumeración: largas acumulaciones de palabras, series interminables de nombres y sustantivos cuyo significado ya hemos perdido. No obstante esta pérdida, en los textos de nuestro escritor los vocablos hacen las veces de talismanes que propician, en virtud de sus sonidos voluptuosos y de sus combinaciones caprichosas, la ilusión del pasado. Las palabras son caracolas en cuyo laberinto de sonidos se atisba la vida de la Nueva España. Y Artemio acaricia con morosidad la superficie acerada de estas criaturas que no pocas veces proceden de un repertorio léxico que hace mucho tiempo no se pronuncia entre nosotros. Entonces, el rumor de una sociedad perdida llega hasta nosotros queriéndonos decir algo, reclamando su derecho a ser incorporada en la memoria histórica y afectiva de México.

En esta incorporación sentimental de los años del virreinato a la memoria mexicana radica uno de los valores más perdurables del libro que el lector tiene ante sí; esta integración justifica una prosa atenida a convenciones y estereotipos "ingenuos como los personajes de los cuentos de los niños" y, como éstos, encantadores e inolvidables, próximos a nuestros afectos más constantes y a nuestras creencias más profundas. Artemio de Valle-Arizpe recibió una recompensa justa a su obstinación colonialista, pues ha sido uno de los responsables de que nuestra memoria colectiva de mexicanos cuente con graves caballeros festonados de gorgueras, y damas graciosas que mueven su dulce talle sobre procelosas crinolinas cuyo sordo murmullo no se apaga en nuestros oídos.

NOTAS

1 Luis González, *La ronda de las generaciones*, México, Secretaría de Educación Pública, 1984.

2 Antonio Castro Leal, "Mariano Silva y Aceves. 1887-1937", en *Repasos y defensas. Antología*, México, Fondo de Cultura Económica, 1987, p. 378.

3 José Luis Martínez, *Literatura Mexicana. Siglo XX. 1910-1949*, México, Dirección General de Publicaciones del Consejo Nacional para la Cultura y las Artes, pp. 32-33.

4 Antonio Castro Leal, "La novela del México colonial", en *Repasos y defensas*, pp. 124-125.

5 Emmanuel Carballo, "Artemio de Valle Arizpe. 1888-1961", en *Ensayos selectos*, México, Universidad Nacional Autónoma de México, p. 258.

6 *Loc. Cit.*

7 Genaro Fernández Mac Gregor, "Prólogo", en Artemio de Valle-Arizpe, *Obras completas*, II, México, Libreros Mexicanos Unidos, 1960, pp. 10 y 11. Emmanuel Carballo rindió un testimonio parecido al citado en el pasaje que da pie a esta nota, como resultado de los encuentros que sostuvo con el escritor para entrevistarlo: "El Valle-Arizpe que yo conocí vivía como espartano en todo lo que no fuera la compra de libros (viejos por fuera y por dentro), su encuadernación impecable y hermosa (hecha en Bélgica o España) y la adquisición de muebles y objetos coloniales", en Emmanuel Carballo, *Protagonistas de la literatura mexicana*, México, Alfaguara, 2005, p. 216.

8 Emmanuel Carballo, "Artemio de Valle-Arizpe. 1888-1961", p. 259.

9 Genaro Fernández Mac Gregor, art. cit., pp. 12-13.

Ojos claros, serenos...

Era feílla, pero provocativa y apetitosa la muy sinvergüenza. Vestía siempre trajes de colores ardientes, agresivos casi, con gran descote que descubría blancas opulencias. Tenía finas artes para atraerse a los hombres; al que le echaba el ojo encima era seguro, segurísimo, que a poco de picarlo y solicitarlo lo tenía por suyo, por muy suyo, aumentándole cada vez a su marido aquellos asombrosos cornalones, que más que reales, parecían imaginados por su tamaño descomunal. Podría él rastrillar con las dos sienes perfectamente.

En la cara le bullían a esta mujer los ardores de la sensualidad, y su cuerpo era un puro contoneo con ese inextinguible acaloramiento suyo. A ella le daba lo mismo tener a un hombre que a otro; no le importaban calidades ni condiciones, ya fuese noble, ya fuese plebeyo, con título, o con sólo hidalguía, o sin bragas, de esos que andaban hambreando por la ciudad; el caso era que le gustase, que le llenara el ojo, como suele decirse, y ya le andaba armando trampas para que cayera en sus mórbidos brazos de lenona.

Doña Leonor de Osma era esta mujer de los continuos amores. Tenía la tal, tan demasiado temperamento que su marido, el parsimonioso doctor De la Torre, ya no se podía satisfacer por los años que el pobre varón llevaba encima. Él se pasaba todo el día ya leyendo, sosegadamente, en sus librotes, o combinando simples, o curando, o matando a sus pacientes enfermos, o bien fabricando variados emplastos, brebajes, elíxires y clisterios, mixturas hediondas y saludables, alquermes, pócimas y esparadrapos apestosísimos más que orines de diablo. Metido en estos exquisitos trabajos no veía las ocupaciones ardientes en que andaba su muy querida esposa, adornándole con ellas la frente.

Don Julio Jiménez Rueda tuvo la buena suerte de encontrar en el Archivo General de la Nación un grueso legajo que contiene noticias curiosas sobre ese doctor De la Torre, cornúpeta pacífico, y con ellas compuso un artículo que tituló *Vidas reales que parecen imaginarias*, del que tomo los siguientes párrafos:

"Entre la muchedumbre de hombres de aventura que a raíz de la ocupación de México se apercibieron a la conquista del vellocino de oro se encontró el doctor don Pedro de la Torre, que arribó a las playas de la Veracruz, después de haber recorrido media Europa, aprendido la medicina y servido como paje y criado al gran humanista holandés Erasmo de Rotterdam. De su trato con él había sacado cierto excepticismo que lo llevó más tarde a proferir palabras que fueron consideradas por algunas personas como francamente heréticas y dignas de ser conocidas por el Santo Oficio de la Inquisición.

"Don Pedro de la Torre era buen latinista, a lo que parece conocía a Lorenzo Valla y había estudiado gramática en su *Tratado*. De los estudios de Artes había pasado a los de Teología y al llegar a la Nueva España tenía doce años de haber cursado esta materia sin haberse ordenado sacerdote, que era a lo que llevaban lógicamente los estudios teológicos. Era hombre de su tiempo y por lo tanto, era movido por ese espíritu de aventura que caracterizó al hombre del Renacimiento. Su fe no estaba muy bien fincada que digamos y en ello se parecía a los dos maestros que lo habían iniciado por la senda del Humanismo.

"La aventura de América se le presentaba como un cauce natural para calmar las inquietudes de su espíritu. Se embarcó, pues, en una de tantas flotas en compañía de monjes, soldados, comerciantes y marineros, dispuesto a conocer ese

Nuevo Mundo del que hablaban con tanta exaltación las crónicas.

"De Veracruz es probable que haya pasado a la capital de la Nueva España y de ahí, ansioso de explorar horizontes, se marchó a la lejana región de Coatzacoalco. Entretanto había seguido el ejemplo de tantos españoles de la época casándose con una india a la que se dio en el bautismo el nombre de Luisa.

"Don Pedro era empedernido jugador de naipes y no contento con perder todo lo que poseía en dinero y aun lo que llevaba encima en ropa, paraba en jugar también a su legítima esposa, la sufrida Luisa, no sin antes proferir sonoras y escandalosas blasfemias. Su acusador se escandaliza con razón por ello porque siendo la india «redimida por la sangre de Jesucristo es mal caso y digno de castigo» el llevado a cabo por De la Torre sobre todo «después de haberla jugado muchas veces pidió a la justicia que no la había podido jugar y con juramento solemne afirmaba y afirmó que era su mujer y que se la volviesen como a su mujer y así se la volvieron». Con lo que el ganancioso quedaba con un palmo de narices.

"En esta región de Coatzacoalco, conoció el doctor De la Torre a una garrida moza bastante menor que él ya setentón y ella de veintidós, llamada doña Leonor de Osma y hacía vida marital con ambas «o al menos las tenía juntas —dice su acusador—, porque siendo casado con la dicha Luisita se tornó a casar con la dicha Leonor» lo que hace justamente que se le tenga «por mal cristiano y sentir mal de la fe y haber cometido grave y feroz delito, digno de gran castigo».

"A doña Leonor de Osma la llevó nuevamente a Veracruz. Ahí ejercía la medicina y en parte la hechicería porque «teniendo una espada en la mano decía que quitaba el dolor de muelas diciendo a los que les dolían: aprieta el dedo en la muela y rayando en la vaina de la tal espada, decía muchas palabras diabólicas y hacía en creyentes que se quitara el dolor de muelas». Practicaba otras artes mucho más peligrosas que el curar los dolores a sus clientes como era el usar de la «nigromancia haciendo que las mujeres casadas saliesen de casa de sus maridos y fuesen a casa de hombres solteros sin que los maridos lo sintiesen y para ello invocaba a los demonios, de lo cual el dicho Pedro de la Torre muchas veces se ha alabado en muchas y diversas partes y lugares porque le tuviesen por nigromante y encantador». Cayó además en el panteísmo al decir que «Dios y la Naturaleza eran la misma cosa», doctrina aprendida en su maestro Lorenzo Valla y éste fue el motivo de la acusación que sirvió para que se le incoara en proceso que el lector curioso puede ver en el Tomo III del Rama de la Inquisición en el Archivo General de la Nación.

"Posteriormente, radicado en Puebla con su mujer doña Leonor, sonó su nombre en el ruidoso incidente que tuvo por protagonistas a su mujer, al poeta de los *Ojos claros y serenos*, Gutierre de Cetina y a dos enamorados de la Osma quien por lo visto era mujer de gran atractivo".

Tenía doña Leonor de Osma estrechos amores con un tal Hernando de Nava, y a espaldas de este sujeto admitía a un Francisco de Peralta, no mal hombre, y el sabio de su marido estaba, como suele decirse, en la higuera, muy pacífico entre sus jarabes, sus ungüentos hediondos, sus píldoras, sus terribles infolios y entre los enfermos que tenían la mala ventura de caer en sus manos ilustres. En esto llegó a la Puebla, porque en la Puebla de los Ángeles era donde vivía esta dama alocada —traviesa, decía la gente con piadoso eufemismo— y este doctor De la Torre, sapiente y agachón. También en la Angelópolis habitaba un mozo gallardo, rubio, de ojos mansos, azules, de un suave mirar, en los que estaba detenido el perenne encanto de un ensueño. Donde ponía los ojos este mozo parece que dejaba una blanda caricia. Sus ademanes eran elegantes, de noble prestancia, fáciles, como también era fácil su palabra en la que saltaban constantemente cosas gentiles, bellas, embebidas de gracia, que eran como espejillos que lo hacían brillar con sus luces claras y calientes. Este muchacho, esbelto y elegante, respondía por el nombre y apellido de Gutierre de Cetina. Doña Leonor de Osma lo vio una mañana en la plaza y esa misma mañana se prendó de él con furia, pues ya se dijo que la dama tenía corazón blando y temperamento tropical.

Este apuesto Gutierre de Cetina había andado por muchos caminos del mundo en apasionadas peregrinaciones de amor. Fue galán y enamorado de grandes damas muy encumbradas; con altos señores, letrados y príncipes, tuvo buena, excelente amistad. Era rico, era noble y poeta, "diestro en el trovar y endechar". Con sus versos halagó los oídos de la galante corte del príncipe de Ascoli; en el castillo de la princesa Molfetta sonó el encanto suave y rendido de sus rimas de amor, y siguieron reverentes, exquisitas, con frágiles discreteos, a la condesa Laura de Gonzaga, besándole la fimbria de su veste recamada, y hubo un madrigal que salió como trémula queja de su corazón para ir a abrirse, lloroso y delicado, ante el desdén de los "ojos claros, serenos", de una dama desconocida que lo tenía dulcemente enhechizado de amor.

Poseía Gutierre de Cetina enterramiento con escudo de cuatro cuarteles que decían su prosapia, en las penumbras olorosas de la iglesia de las monjas dominicas de la Madre de Dios, en Sevilla. Llegó a México no a buscar bienes de fortuna, que ya tenía, sino que vino porque tuvo ese antojo, pues siempre en la vida y en el arte hizo lo que más le plugó. Su inquietud de trovador andariego lo trajo a estas tierras acompañado de su tío don Gonzalo López, nombrado procurador general. Vida noble y pura, exquisita y alegre, llena de ansia y de arrebato de llama, que acabó de modo obscuro en la Nueva España, terrible acabar. En unos versos había dicho:

De mí dirán: aquí fue muerto un hombre; la vida le faltó, no la osadía.

Llegó a la Puebla de los Ángeles. Doña Leonor de Osma lo vio y como tenía mucha manderecha, sonriéndose, lo atrajo suavemente hacia sí, y fue a ella con facilidad de hombre mundano. La tal doña Leonor, como estaba ciega de la pasión amorosa, acostumbraba a fletar para muchos y no contentándose con un solo pasajero. Gutierre de Cetina habló con ella y muy pronto entró por las noches en su casa cuando ya estaba puesta en silencio y dormido el manso doctor. Lo supo Hernando de Nava; Francisco de Peralta lo supo también; ambos se atufaron de ira, ardieron de celos rabiosos, más Nava que Peralta, quien al fin descansó en la resignación y vio en la bravía hembra una de tantas mujeres del revuelco.

Doña Leonor estaba en las delicias de un placer inacabable con Gutierre de Cetina; se hallaban en encanto sabroso todos sus sentidos. ¡Válgame Dios y qué cosas sabía decir y, sobre todo, qué cosas lindas sabía hacer aquel mozo! Parecía a modo de mentira que supiese tanto y que lo ejecutara tan bien. No era posible imaginar en tan cortos años tanto y tan profundo saber, y, por lo mismo, doña Leonor estaba perdida de amores por él, vivía abrasada por el encanto de sus palabras. Gracia y suavidad salían continuamente de sus labios.

Para Gutierre de Cetina aquello no era un amor, sino un pasatiempo, un simple, un fugaz devaneo, en aquella quieta ciudad levítica en la que no había en qué divertirse. Hernando de Nava traía tremendos celos llameándole en el alma, y, por lo tanto, irritada la saña y el furor. Su pecho era un infierno portátil. Y más, mucho más, se enardeció cuando supo que su amasia no sólo tenía amores con Cetina, sino que también muy ocultos con Francisco de Peralta. Andaba fuera de sí del enojo. Lo hacía hervir la ira, pues el cándido bravucón creía que él conquistó a aquella mujer y que era su solo amante, porque doña Leonor, en sus largos furores amorosos, se lo juraba así sobre la boca, sorbiéndole besos con ansia. Pronto, se decía a sí mismo, rechinando los dientes, que pondría su cólera en ejecución, y teñiría su mano en sangre de venganzas.

El procurador general de la Nueva España, don Gonzalo López, marchó a la Villarrica de la Veracruz a embarcar para Castilla unas ciertas barras de plata y también plata labrada, y dejó en Puebla a su sobrino Gutierre, quien no lo pudo acompañar porque adolecía de cuartanas, y decidió quedarse para ver de curárselas con agua azufrada y con los baños de guayacán, que eran buen remedio. El domingo de Cuasimodo del año de 1554, primero de abril, como la tarde era diáfana y benigna, llena de dorada transparencia, anduvo Cetina paseando despaciosamente por la ciudad. Se extasió viendo la blancura de la nieve que alzaba el volcán al azul imponderable del cielo, azul casi tan fluido como las cimas lejanas. Anegó sus ojos en el Ocaso, delicada suavidad de nácares, de violetas, de amarantos.

Como tenía mala disposición tornó a su posada a los primeros aleteos de la sombra. Reclinado en el fornido portón continuó mirando el cárdeno llamear del Poniente, lago de oro y de carmín irisado de plata. Una paz melodiosa descendía del cielo y el encanto de otra paz subía de la tierra. Se le llenó el alma de apacible tristeza. Cenó en silencio y se fue a su aposento. Allí estaba Francisco de Peralta, que también tenía puesta cama en esa estancia. Conversaron. Ya era noche, noche obscura, con la luz alta de las estrellas. Se tendía un vasto silencio. Seguía la plática saudosa evocando recuerdos, cosas del ayer, gratas, dulces. El recuerdo es aún algo de la felicidad. Decidieron acostarse.

Cetina se despojó del jubón y de la escarolada gola de cambray, se quitó las calzas atacadas, y sentado al borde del lecho oía con íntima delicia a Peralta, que empezó a puntear con gracia la guitarra. Llevado Cetina por estos blandos sones, se puso a meditar, descendió al fondo de sí mismo, andaba por sus tiernos y vagos paisajes interiores, y desde la cima sensitiva de su corazón miraba con melancolía el florecer de sus recuerdos. ¿No dicen que cualquier tiempo pasado fue mejor?

Cetina sentía una ternura grata, sentía una leve delicia de amor, extrañas añoranzas por algo desconocido. Por el amplio silencio de la noche pasó el canto metálico de un gallo; una campanita conventual puso en el sosiego nocturno, lleno de estrellas, su voz trémula, melodiosa, suavísima y lejana. ¿Por qué enternecerán estas campanitas que suenan entre la noche? ¿Por qué traerán al espíritu más evocaciones que cuando se oyen en las claras horas del día? Dejó el ensoñador Gutierre el encanto de sus recuerdos y se puso a escuchar, fuera de sí mismo, el leve tintineo que le acaricia el espíritu con la halagadora suavidad de un terciopelo milanés. Francisco de Peralta seguía tañendo un viejo son en su guitarra trinadora. De pronto dice:

—Demos una vuelta a esta isla para hacer hora de dormir.

Cetina salió del sopor plácido de sus ensueños con estas palabras. La isla era la posada en que ambos moraban con otras dos o tres casas que se le pegaban, y una era, nada menos, que la del doctor De la Torre; por eso le pareció bien, muy de perlas, la proposición a Gutierre. Vería a la caprichosa doña Leonor. También, con ánimo de verla, hizo la invitación Francisco de Peralta. Se vistió Cetina, se ató, rápido, las agujetas del jubón y las de las calzas, se puso la tiesa lechuguilla, y los dos se envolvieron en sus luengas capas negras. Gutierre iba delante con la espada al hombro, atrás caminaba Peralta tañendo la guitarra con un ágil trinado lleno de gracia. Canturreaba una vieja canción de amores. Pasaron por la casa del doctor De la Torre y aumentó la guitarra su canto festivo o su lloro, su dolorido sentir. Cetina pensaba que en Francia, en Italia y en España, puso sus amores en princesas y otras damas de alcurnia, y que ahora andaban muy al ras del suelo. Pero no, estos no eran amores; no amaba a doña Leonor de Osma; ella tuvo el capricho de él, y él se dejó llevar, gozosamente, por ese antojo. Pero ¿amor? Amor, no. Sus amores salían como gerifaltes, a la altura.

Llegaron a la encrucijada de la calle de Santo Domingo y vio Cetina dos bultos inmóviles que resaltaban negros, macizos, en la obscuridad, pegados a la tapia de un corral en el que solían encerrar harrias. Se volvió hacia su acompañante, que no dejaba de tañer la guitarra, y de cantar bajito, y pareciéndole que aquellos bultos eran hombres, le dijo que habían llegado a una esquina y volvió la cara para justificarse mejor en lo que afirmaba, y apenas lo hizo cuando le dieron un tremendo tajo en el rostro, y fue de modo tan intempestivo, tan rápida esa alevosa acometida, que no tuvo ni siquiera tiempo de bajar la espada que llevaba al hombro para ponerla delante de sí y defenderse, sino que cayó en el suelo, y apenas se iba a levantar, cuando el otro hombre le dio muy tremenda cuchillada en la cabeza y tornó a caer en el arroyo, entre el lodo, y sin poderse valer, le quedó desamparado el vigor de todo el cuerpo y perdió el sentido.

Sobre Francisco de Peralta vinieron después con ímpetu los dos asaltantes; le tiraban sin parar enormes estocadas, pero Peralta se fue retirando, como defensa, y como era diestro en esgrimir, no recibió ninguna herida grave. Ya cerca de la posada huyeron los peleones calle arriba, sonando entre las sombras sus espuelas. Se perdió a poco este acelerado tintineo en la distancia; el silencio volvió a tenderse en la calle obscura, amplio, profundo. Apoyándose en las paredes llegó Cetina a su hospedaje con un andar lento, trabajoso, andar en que la muerte le iba echando la zancadilla. Estaba bañado en sangre; tenía una ancha herida en la cara que le tomaba desde lo alto de la oreja izquierda hasta la ternilla de la nariz, y otra cuchillada también que le señalaba la mitad de la cabeza.

Casi desfallecido lo llevó Peralta al lecho, y con voz queda, asesante, dijo: "¡Confesión, que me han muerto!" Llamó

Peralta a otros huéspedes; unos procedieron a buscar a un fraile y otros corrieron por un médico, lo que cada quien creía más necesario. Llegaron a poco con un agustino, quien oyó a Gutierre de confesión, y también llegó a poco el doctor De la Torre, muy fatigado por la carrera, agravado su cansancio por el peso de sus eminentes y ramificados cuernos de rengífero, y luego acudió también un viejo cirujano, Antón Martín.

Examinaron los dos físicos las heridas y, de acuerdo, dijeron que eran muy graves y que aseguraban que no amanecería Cetina con la vida, y que como ya estaba para dar el alma, no había ni para qué mundificarlas con medicinas fuertes ni de ninguna clase, y ni siquiera coserlas, y así, con ese parecer, le dejaron las carnes rotas y abiertas; tan sólo como curación le pusieron en ellas las claras y las yemas batidas de varios huevos y unas estopas y le envolvieron la cabeza con paños calientes. Lindos remedios esos. Todo esto aconteció la noche del 1° de abril de 1554.

¿Sabía, acaso, el doctor De la Torre que Gutierre de Cetina tenía amores con su ardorosa mujer? ¿Y, sabiéndolo y conociendo la gravedad de las heridas y la urgencia inmediata de atenderlas, no lo quiso hacer de propósito para que se le enconaran, se le pudrieran y se le hiciesen incurables y muriera pronto, vengándose así, de ese modo? ¿Convenció tal vez el doctor De la Torre al buen cirujano Antón Martín de que ya no valía la pena tocar esas heridas, pues que Cetina estaba en el último boquear, para soltar de un momento a otro la vida? ¿De esta manera se desquitó de la injuria el doctor De la Torre? ¿Así volvió por sí y por su honra?

Amaneció vivo Cetina, pero batallaba con grandes, con espantosos dolores. Los espíritus vitales le levantaron gran calentura, que le alteró y corrompió el temperamento. Fue un tal Diego Cortés y lo empezó a curar con ensalmos; le hacía cruces sobre las heridas, bendecía las vendas, diciendo versículos del Salterio, que por eso se les decía ensalmos. El tal

Cortés llevó consigo a un mancebo, aprendiz de cirujano, quien le cosió a Cetina algunas de sus heridas, algo así como la mitad de la que tenía en el rostro "y le sacó dos o tres huesos pequeños de ella que estaban cortados, no cosió los demás por causa de un hueso que estaba cortado y atravesado junto al ojo izquierdo de manera que no podía salir" y le puso emplastos pegajosos y malolientes, pues aseguró que "si prosigue en curarse con el ensalmo, irá falsa la cura".

Aunque la profesión de ensalmador era en sí lícita, porque eran lícitos las medios y fórmulas empleados para curar, palabras de las Sagradas Escrituras, invocaciones a Dios y a su bondad infinita, para la Iglesia siempre fue pecaminoso acudir al auxilio de esas gentes, porque "pecan los que, pudiendo curar sus llagas y enfermedades con médicos y cirujanos aprobadas e por vías naturales, se curan con ensalmos o van a buscar solamente las reliquias de los santos", y en las *Constituciones Sinodales del Arzobispado de Toledo* se manda en una de ellas "que ninguno cure por enxalmos y sanctiguos, so pena de excomunión mayor". Razón habría para estas disposiciones. Algo tendrá el agua cuando la bendicen.

Informada la autoridad del asalto, fueron el teniente de corregidor Martín de Calahorra y el escribano Andrés de Herrera a tomar declaración a Gutierre de Cetina, y éste, caballeroso, digno, con la noble entereza que siempre hubo en los de su linaje, juró en forma de derecha, por Dios y Santa María y por la señal de la Cruz, que iba a declarar todo aquello que le preguntasen con tal de que no perjudicara a su honra, "porque en tal caso de lo que tocara a su honra no aclararía lo cierto".

No quiso decir quiénes fueron sus heridores; se negó rotundamente a descubrirlos, por más que se le instó a ello repetidas veces; que no lo sabía y que no lo sabía, afirmaba una y otra vez, y "aunque lo supiese de cierto, no se querellaría, ni quería querellarse de nadie, ni pedir justicia sobre este caso". Esto lo volvió a repetir después, con firme entereza, sin perder el ánimo, sobreponiéndose a su desmayada debilidad y a los dolores que le atenaceaban, ante el juez pesquisidor, el bachiller Martínez, que, asistido de su escribano, Juan de Guevara, fue a interrogarlo. Pero Francisco de Peralta sí dijo bien claro quiénes fueron los felones asaltantes, pues que los conoció perfectamente: un Gonzalo Galeote y Hernando de Nava, armado éste de una larga espada y el otro con un ancho montante, y defendidos los dos con cotas, almetes y rodelas. Depusieron, además, otros testigos y todos declararon por malo y culpado al tal Nava.

Este Hernando de Nava era hijo del conquistador de igual nombre, que llegó a la Nueva España entre la gente de Pánfilo de Narváez, y su madre era Catalina Vélez Rascón, conocida más bien por el apodo de la *Rascona*, hembra arremangada y fiera, atrabiliaria y llameante, muy de pelo en pecho. Sólo hablaba la *Rascona* entre roncas y blasfemias y con ceño áspero. No se reía ni por muestra; su cara era siempre un puro vinagre en la que movía una constante tempestad de gestos. Este horrible virago, desalmado y feroz, era el continuo temor de la gente en la pacífica ciudad de la Puebla de los Ángeles.

De esto se valía el perdido Hernando, amigo de bullicios, para cometer mil tropelías diarias, alborotando y llenando de terror a los quietos vecinos, que jamás hubo gente más pacífica que ésa, gente devota, siempre en el sosegado recogimiento de sus caserones. Jamás tuvo límites la lascivia de Hernando de Nava, ni leyes tuvo tampoco su voluntad. No reportaba el alma. Le echó nudo ciego a la conciencia, y ésta, así, nada le reprendía, y con lo cual era de lo malo lo peor, la nata del fango. Por miedo tanto a él como a la rijosa y endemoniada madre, nadie atrevíase a reprimirle sus constantes insolencias y demasías.

Gutierre de Cetina se moría. Se moría el poeta galante y cristiano. Ya los ensalmos, unciones y santiguos de Diego

Cortés no le detenían el mal. Se extinguía aquella alma clara y gozosa, a la vez que fina y vibrante. El lazo del alma y del cuerpo se le iba desatando poco a poco. Ya estaban en una floja laxitud todos sus miembros. Los ojos, de un tenue y desleído azul, miraban quietos, mansos, acariciando suavemente y con ternura. Por fin puso su vida en manos de Dios. Frisaba el poeta en los treinta y cinco años. Se fue a la inmortalidad del arte en el frágil y leve encanto de su apasionado madrigal:

Ojos claros, serenos,
si de un dulce mirar sois alabados,
¿por qué, si me miráis, miráis airados?
Si cuanto más piadosos,
más bellos parecéis a aquel que os mira,
no me miréis con ira,
porque no parezcáis menos hermosos.
¡Ay, tormentos rabiosos!
Ojos claros, serenos,
ya que así me miráis, miradme al menos.

No mueren jamás las obras del espíritu, dice un alto y querido maestro, que el pensamiento, al par que más ligero que el aire, *aëre levius*, es más duradero que el bronce: *aëre perennius*.

El bellaco Hernando de Nava se ocultó, con derecho de asilo, en el monasterio de nuestro padre Santo Domingo. La justicia lo buscaba con afán. Una noche salió de su escondite disfrazado de fraile, pero llevaba debajo de los venerables hábitos dominicos sus armas: cota de malla, almete, rodela, la luenga espada. Como una sombra compacta entre la sombra espesa que llenaba las calles llegó a la casa del doctor De la Torre. Abrió la puerta con la llave que le tenía dada su manceba, como se la daba a todos sus amantes más o menos estables. Entró, y ya en el patio, por una ventana, que era de la alcoba en que dormía doña Leonor de Osma repegada a su marido, la llamó con suaves palabras, cuidando que hubiera en su voz bastante cariño y mimo apasionado. Despertó en el acto la señora. Si le hubiesen dicho en voz más baja aún, sutil como un hálito, una palabra de amor, despertara del más profundo sueño como si le disparasen al oído un prepotente cañonazo. Recordó gozosa, y al reconocer la voz de Nava, se fue rápida a la reja la casquivana mujer, y apenas lo miró le dijo:

—El amor me rindió con vuestros ojos.

Pero Nava le dio una soberana cuchillada por todo el rostro y le pagó la rendida frase con otra soez, en la que saltaron tres rojas blasfemias que azotaron el aire.

Doña Leonor dio un grito violento, arrebatado; con él despertó, lleno de sobresalto, el bonachón del doctor, que, apaciblemente, tendía su prolija cornamenta en la blandura de las almohadas, entregado a un sueño feliz de varón justo. Dio voces el pobre hombre y salieron los criados, y les mandaba con brioso coraje, blandiendo una gran lanza jineta que arrebató de un astillero:

—¡Asid al traidor y matadlo! ¡Asidlo!

Pero él no hacía nada de eso y ni tan siquiera se le arrimaba, sino que se puso a muy razonable distancia de la trifulca, y tan sólo echaba desaforadas lanzadas en el aire. El pacífico varón sabía matar únicamente y muy bien con sus récipes y con sus terribles instrumentos ferrales. A dos esclavos negros y a una esclava acuchilló Nava; los dejó casi soltando la vida entre espesos charcos de sangre. Para cometer estas nuevas felonías se vistió, el muy canalla, todas sus armas como si fuese a pelear contra el moro infiel o a conquistar peligrosas tierras de comanches para su soberano.

Se valió del favor que le hicieron las tinieblas para volverse a retraer en el convento de Santo Domingo. La autoridad lo solicitó con todo comedimiento, y se negaron los frailes a entregarlo; fue el corregidor a sacarlo de su asilo, y se le puso enérgico el previsor y con él todos los religiosos. Buscó entonces el señor corregidor argumentos propicios para conseguir por las buenas que le dieran al reo; con habilidad ensayó la persuasión, y como no encontraba más que negativas, pues todos los frailes cerraron los oídos a las razones, mandó, ya con enojo, que a la fuerza se extrajera a Hernando de Nava y que lo llevaran a la cárcel, vivo o muerto.

Los rodeleros, los arcabuceros, los ballesteros treparon rápidos a las azoteas. Los frailes con esta incursión estaban trémulos de rabia, y el prior lanzó, como era natural, una formidable excomunión para todos aquellos que osaran penetrar en la santa morada dominicana. Con grandes voces lo intimó el fiero corregidor para que levantara las censuras, pues que la Iglesia no debía defender a un hombre criminal que salió de ella a cometer otros nuevos delitos. Se volvió a negar el prior, apoyado por todos los padres graves, y ante esa tozuda afirmación el bravo corregidor se dispuso a entrar en el monasterio pasando sin miedo sobre las censuras que tanto amedrentaban. Los frailes, viendo ya su inconmovible decisión, sacaron del sagrario la custodia, la cubrieron con un velo de luto, y con su cruz alta, envuelta también en un paño negro, salieron del convento cantando aterradores salmos penitenciales, acompañados de los conventuales de San Francisco y de muchos clérigos que también acudieron a reforzar con sus razones las contundentes que daban los padres dominicanos. Mucha gente quiso acompañar al Santísimo Sacramento, pero se opuso a ello el arcediano y el provisor, diciéndole que se quedase quieta, que toda la ciudad estaba en entredicho.

Se le pegó fuego a la torre; se llenó el aire de gritos, de innumerables disparos. Toda la ciudad de la Puebla de los Ángeles estaba ante el monasterio atónita, deseando la aprehensión del desalmado Nava, que tantos males sembraba a diario sin tener respeto para nadie. A poco volvieron los frailes en procesión, pero sin clamorosos cánticos de salmos y descubiertas y sin luto la custodia y la cruz. Como dijeron que consentían en entregar a los asilados, se suspendió el nutrido tiroteo. Pero los ladinos frailes no tenían, ni mucho menos, esas intenciones; fueron sólo a burlarse de sus adversarios, a proteger la evasión de los dos criminales que dejaran escondidos, pues comprendieron que la justicia los iba a tomar pronto con el cerco que le había puesto al convento; pero ya Galeote, muy a la callada, había escapado, sólo Dios supo cómo y por dónde, con agilidad puso pies en polvorosa, y Nava no parecía por ningún lado.

Los frailes, viendo que no los encontraba la justicia, estaban contentísimos de su argucia, de su ingenio sutil; se apretaban unos a los otros las manos como dándose enhorabuenas, y también se daban beneplácitos con sus miradas unciosas, largas y comprensivas. Pero poco les duró el gozo en el cuerpo a los reverendos padres, porque unos alguaciles dieron con el cobarde malhechor oculto, arrinconado, en los retretes del convento. Estaba ridículamente rapado de cerquillo, sin pizca de barbas ni bigote y en hábitos de fraile, listo para aprovechar cualquier coyuntura propicia para tomar alas y volar.

Llevaron a Hernando de Nava a la cárcel entre la alborotada alegría de toda la gente que lo odiaba cordialmente por sus desmanes inacabables, pues, ya preso tornaría la Puebla de los Ángeles a su paz, a su quietud embelesada y levítica. Se le abrió proceso al turbulento Hernando de Nava, y al principio se encerró en negativas obstinadas y continuas. No lo sacaban del no. Confesó al fin, tal vez al arrimársele a la aldabilla a un poco de tormento, que es tan eficaz para estas cosas de decir la propia y aun la ajena culpabilidad.

Se le condenó a que fuese sacado en bestia de albarda, con una soga a la garganta y atado de pies y manos, y a voz de pregonero que dijera sus delitos se le trajese por las calles públicas y acostumbradas; que después de este ignominioso paseo se le cortara la mano derecha frente a la casa del doctor De la Torre, y que luego lo llevaran a[illegible]dalso de la Plaza Mayor, en donde tenía que ser "degollado hasta que naturalmente muera"; es decir, "no como podía imaginarse por contraposición a violentamente, sino de conformidad con las leyes naturales; para lo de la naturaleza, que no para lo del espíritu".

No se le dio muerte porque interpuso su gran valimiento, junto con sus dineros, la bragada *Rascona*; pero con nada pudo impedir que lo trasladaran a México y que en su gran Plaza Mayor, junto a las cadenas de la Audiencia, a siete días pasados del mes de julio y año de 1554, se le cercenara la mano derecha, la cual se clavó en un mástil, y se dio pregón de que nadie osara de quitarla de allí, pena de la vida, para que estuviese sirviendo de ejemplo de alevosos y cobardes.

Doña Leonor de Osma siguió en la Puebla de los Ángeles quemada por sus propios ardores; buscaba afanosa amantes nuevos para adornarle más profusamente la testa a su marido, que, según afirma un refrán relativo a los de su condición bovina, siete años antes de nacer tenía ya la gracia. Cuernos y canas no vienen por años; pero el doctor don Pedro de la Torre soportaba los suyos muy a su gusto y pacientemente, pues ya se sabe que sobre cuernos, siete sueldos, y son éstos como los dientes que duelen al salir, pero después sirven para comer.

Cómo se supo en la Nueva España la muerte de Carlos V

¡Qué alma, cándida, mansa y suave era la de fray Jacobo Daciano! Estaba lleno de ingenuidad y sencillez este buen fraile. Su vida se abría con la inocente pureza de una flor y se deslizaba blandamente en la paz del convento, desleyendo en torno suyo la fragancia de su espíritu. En el atrio, húmedo y verde, de su iglesia mostraba a los indios con amor y paciencia las luces del Evangelio e infundía con palabras y ejemplos santas costumbres. Hacía grande fuerza y persuasión con su virtud. A los pobres, desvalidos o maltratados de la fortuna les abría entrañas de misericordia y les socorría sus hambres y desnudeces, porque le lastimaban mucho los dolores ajenos, penando por lo que otros padecían y enfermándose con ellos en la compasión. Su palabra iba sacando con inefable delicadeza, de la límpida alquitara de su alma, los bálsamos que goteaba en todas las desventuras. De sus ojos caían las miradas apacibles como caricia sedante; no miraba fray Jacobo Daciano más que con ternura. ¡Qué eficacia y qué benigno encanto había en la mirada de este humilde siervo de Dios! Las cosas en que sus ojos grises se posaban parecía que en el acto ennoblecíanse y se llenaban de inocencia, de la suave inocencia que tuvieron todas las cosas al principio del mundo. En sus pupilas se quedó prendida toda la ingenua pureza y celeste dulzura de las leyendas piadosas que leyó. Si alguien tenía una pena en la vida, con sólo verlo fray Jacobo se la extinguía, o, cuando menos, se la tornaba llevadera y fácil, como cosa de liviano peso.

Fray Jacobo Daciano se ponía en oración, y el alma fácilmente le volaba a lo más alto de las contemplaciones, y quedaba arrobado y fuera de sí viendo cosas al otro lado de la vida, pues entonces era visitado con aparecimientos o revelaciones. Largo rato perdía el uso de los sentidos cuando estaba en éxtasis arrebatado. Dice de él el cronista franciscano fray Alonso de la Rea que "echó el sello de las virtudes con la contemplación en que fue consumadísimo, arrobándose muchas veces, de manera que más parecía ave del aire que hombre de la tierra". Por eso numerosos frailes lo vieron a menudo en oración en la cima movediza y olorosa de un ciprés. Cuando fray Jacobo venía de nuevo al mundo estaba en un dulce estado de desfallecimiento y contaba cosas maravillosas, imprecisas, desleídas en sueño, que flotaban como en una atmósfera de amatista, y todos seguían abismados sus palabras, como pájaros fantásticos que pasaban por el aire dejando una fina huella de oro.

Una mañana, fría y azul, de septiembre, cuando los frailes del lejano convento de Terécuato bajaban a la iglesia, se encontraron, sorprendidos, con que su santo guardián, el padre Daciano, andaba muy atareado acabando de adornar un sencillo túmulo, que levantó en el centro de la nave, y en el que ya había puesto plegados paños negros y gran cantidad de velas.

—Pero, padre Daciano, ¿qué señor principal ha muerto en el pueblo, que ha colgado vuestra paternidad toda la iglesia de negro y hasta ha levantado ese túmulo con tanta cera?

—¿Acaso, padre mío, es hoy el aniversario del fallecimiento de alguno de nuestros protectores? ¿Tal vez el de don Carlos de Aparicio, el buen caballero que cerró la bóveda del coro, o el de doña Guadalupe de Aragón, que nos mandó labrar el retablo del Cristo del Desamparo? ¿O acaso el de los santos señores de Urquiaga, que nos dieron el terno de oro y el palio de tisú?

—Díganos, padre Jacobo, es que...

—No, hermanos, no; nada de eso. Vamos a celebrar ahora nosotros unas solemnes exequias por el alma del emperador Carlos V.

—¿Por el emperador Carlos V?

—¿Por el César que está retirado santamente en Yuste?

—Por Carlos V, hermanos. Sí, por Carlos V, no se asombren, vamos a celebrar honras fúnebres. Esta madrugada Dios me ha revelado que el César cristianísimo acaba de morir. El Señor lo mire con ojos de piedad y lo siente en su gloria.

—¿Qué dice, padre? ¿Ha muerto ya Carlos V?

—Sí; esta misma madrugada pasó de éste a mejor siglo.

—¡Ay, muerto Carlos V! ¿Pero de dónde sacó vuestra reverencia esa historia?

—¿Pero será posible?

—No lo dude, hermano, no lo dude; ya el Emperador salió de esta vida mortal a la eterna. En tierra se ha de resolver. ¡En lo que paran las glorias humanas! ¡Sólo Tú eres infinito, Señor!

—Pero, padre, díganos al menos si...

—Nada, hermanos, tengo que decirles, sino sólo repetir que el emperador Carlos V ha muerto hoy; que ya salió del mal de la vida, y que nosotros vamos a celebrar ahora mismo sus exequias con la mayor pompa que podamos. Arreglen el altar mayor, pongan en él al Santo Cristo del Desamparo, tiendan las alfombras y traigan de la Sala de Capítulos el tapiz grande para colgarlo en ese muro; enciendan todas las arañas y digan al hermano campanero que empiece a doblar con sus campanas; yo quiero ir a hacer oración. ¡Pobre Emperador!... *Requiescat in pace.*

Las frailes se quedaron atónitos; se veían los unos a los otros largamente y no atinaban a hablar ni a moverse; pero más se sorprendió el pueblo cuando supo la extraña noticia y oía, pasmado, las largas campanadas que se difundían graves, solemnes, lentas, entre la mañana azul y silenciosa. Todo el ambiente vibraba sonoro y argentino en el burgo pacífico.

Se dijo una misa mayor como de cuerpo presente; se cantaron llorosos, largos responsos en torno del túmulo, entre humaredas de incienso. Fray Jacobo Daciano predicó un ingenuo sermón panegírico, diciendo encarecidos y justos loores del emperador Carlos V. La gente no salía de su asombro, de su gran asombro; estaba suspensa, llena de confusiones y de dudas.

Llegó la noticia a México de las solemnes honras fúnebres que en el lejano convento de Terécuato, de la provincia de Michoacán, se habían hecho por el César Carlos V. El virrey don Luis de Velasco se reía de la ingenua credulidad de los que tomaron como cierto lo que aseguró el padre fray Jacobo Daciano; se rió el arzobispo y a carcajadas tendidas los oidores y también los del Ayuntamiento, y los frailes de los conventos se doblaban de risa considerando la simplicidad y el candor de fray Jacobo, admirándose de que le hubieran tomado en serio su afirmación, pues ya chocheaba el bueno de fray Jacobo Daciano. Muy humilde, muy benévolo era, ¡pero que Dios le hiciera revelación, eso sí que no! No, no; ¡imposible! Que se anduviera con cuidado fray Jacobo, porque la Santa Inquisición vigilaba atenta y les echaba leña a todos esos quietistas, a todos esos iluminados. Los frailes de San Francisco pidieron a su Comisario General que se le castigara por haber celebrado aquellas extrañas exequias, que tanto habían revuelto al pueblo, y que se le castigara, además, porque fray Jacobo debió consultar al superior, antes de hacerlas. ¡Carlos V, a Dios gracias, estaba gozando de cabal salud, y mejor que nunca, en su apartamiento del monasterio de Yuste! Lo de fray Jacobo Daciano era sólo una burla, que merecía ejemplar y pronto castigo. La gente se reía de la ingenuidad de este fraile; todo, a costa de él, traía en México forradas en risa las tres potencias del alma.

Pero no fue burla, no, la del buen fraile. Él dijo muy claro lo que vio. Pasó el año de 1558, y todavía, cuando se recordaban las honras fúnebres que el padre Daciano celebró por Carlos V, se refrescaba alegremente la risa y duraban las carcajadas hasta media hora de reloj. El padre fray Jacobo Daciano no engañó a nadie; jamás salió mentira de sus labios puros de santo. Como en mayo de 1559 llegó flota de España y la nueva que corrió rápida por toda la ciudad, con una prisa triste, fue que a las dos y media de la mañana del 21 de septiembre del año que acababa de transcurrir, había fallecido, en su retiro del monasterio de Yuste, la Sacra, Cesárea y Católica Majestad de Carlos V. La misma fecha exacta, la misma, en que anunció su muerte fray Jacobo Daciano en el convento franciscano de aquel pueblo verde y distante.

Ya nadie pensó en reírse, nadie; toda la gente puso entonces en su cara un gesto de dolor y fue a vestirse de negro, pues el virrey don Luis de Velasco ordenó por pregón que "todos los hombres y mujeres de la ciudad, de cualquier estado y condición que fuesen, trajesen luto en muestra del fallecimiento de tan gran monarca". En el acto se cumplió ese terminante mandamiento, y en menos de tres días todo el mundo andaba en México con ropas negras, "que parecía imposible haber tantos sastres en la ciudad, que en tan breve tiempo pudiesen hacer tantos y tan suntuosos lutos: porque hubo caballero que en ellos gastó más de mil pesos".

Santo de otra fe

Grandes, enormes, espantosos, eran los delitos que se le acumulaban a don Tomás Treviño y Sobremonte. Su casa era una ancha mansión enrejada y soberbia. Los altos muros de la fachada estaban cubiertos de geométrica tracería de adornos, esgrafiados se les llama a esas onduladas urdimbres de argamasa. Puertas y ventanas eran de vieja tracería, con hierros floreados. Esta casa-palacio tenía estancias enormes seguidas de estancias vastísimas, todas lujosamente alhajadas y colgadas con noble decoro. Había en ellas anchas alcatifas turquescas de felpa larga, alfombras de Alcaraz, de las Alpujarras, de Chinchilla, de Letur, rameadas de Cuenca, del lluvioso país de Flandes; grandes cortinones de terciopelos prensados, de anafallas, de damascos rojos y amarillos; bargueños señoriles; fornidos braseros de plata de martillo que más parecían fuentes que braseros; contadores, bufetes de pies torneados y balaustres de hierro ya dorado o pavonado; partestrados de hojas numerosas, biombos de laca y sedas de colores, biombos Coromandel; fofas almohadas terreras de raso y de tisú bordadas en el haz, con borlas, caireles, y fondo de badana; velerillos ya con candelabros de plata, ya con pebeteros o con cajuelas cinceladas, y búcaros de cristal o de Manises, o vasos de Talavera de la Reina a de lapislázuli o de esmeraldina, siempre rebosando flores; sitiales, escabeles y sillones esculpidos y majestuosos, de roja vaqueta de Moscovia, con clavos chanflones o bien con gudamecíes dorados o con forros de felpa encuadrada entre galones; arquimesas con pesadas coberturas de brocado, contadores taraceados de nácar y marfil;

tibores de la China en los que volaban pájaros fantásticos, azules, amarillos, rosados, entre una fauna de quimera; cornucopias doradas, arañas de bronce de tres bolas, arañas de cristal; camas agüevadas de cuatro cabeceras o de dos, ya esculpidas, ya estofadas como retablos de iglesia, con dosel, goteras, telliza de brocatel y rodapié de encajes y frangín; vastas arcas y alacenas con vajillas de ultramar y con mucha plata labrada; aparadores con bandejas, jarras, fresqueras, bernegales, limetas, salvillas, tembladeras, vasos y jarros de oro o de marfil o de hueso o de estaño con labores exquisitas, primorosas; astilleros con broqueles, partesanas, lanzas, dagas y espadas, algunas de las que llaman negras o de esgrima, varias simples de flexible hoja toledana, otras de las de virtud, dichas así por tener engastadas en su puño reliquias de santos; cocheras en que abundaban sillas de manos incrustadas de nácar y revestidas de tisú, con suaves paisajes de Arcadia en las portezuelas, y con sus dos varas talladas o recubiertas de velludo carmesí; estufas chapadas de carey; forlones de muelle suspensión en sopandas, forrados de catalufas y damascos; pesados carricoches para camino, cubiertos al exterior de oscuros cordobanes y por dentro de sedas; sillas de rúa, sillas jinetas, estradiotas, vaqueras, todas con plata y terciopelo. Esta era la magnífica casa del rico Tomás Treviño y Sobremonte.

Este señor era respetado por su riqueza y por su bondad. Tenía unas largas barbas fluviales por las que corrían constantemente sus dedos de viejo marfil y tenía unos ojos grises, de suave, apacible mirar, y en consonancia con ellos, una palabra lenta, clemente, dulcificada de ternuras. Pero grandes, enormes y espantosos eran los delitos que se le acumulaban a don Tomás Treviño y Sobremonte.

La Santa Inquisición contra la herética pravedad y apostasía, lo tuvo en sus cárceles secretas cuando llegó a México poderoso de Guadalajara, en donde tenía abierta tienda. Se le acusó de que en una de las dos únicas puertas que había en ella, enterró un crucifijo y a los que pasaban por allí, pisando sin saber sobre la santa imagen del Señor, les daba más barato lo que compraban, que a los que entraban por la otra puerta.

Se le acusó también de que a un Santo Niño, labrado en madera, que tenía oculto en su casa, le daba por las noches espantosos azotes con unas fuertes disciplinas de canelones, y como unos vecinos escuchaban a diario un llanto continuo y angustioso de niño, fueron a dar, al fin, con don Tomás que golpeaba con enconado furor a la grácil escultura que era la que lloraba, pero él no oía jamás los llantos. Esos piadosos vecinos, y muchísimos más, vieron que tenía ese Niño Jesús todo el fino cuerpecillo cruzado de rojas y largas cicatrices y que las heridas que le acababan de abrir los recientes azotes, estaban manando sangre, una sangre olorosa.

Después de largos meses en las cárceles, se le reconcilió a don Tomás en el auto particular de la fe que hubo en Santo Domingo, en junio de 1625. Se casó a poco con doña María Gómez, y con hábiles negocios empezó a allegar grandes riquezas. Acaudaló tesoros y se rodeó de refinadas magnificencias. Pero una envidia suspicaz lo vigilaba, tenía puestos en él constantemente los ojos. Fueran a la Inquisición las denuncias anónimas y las denuncias juradas.

Se le volvió a aprehender; se le secuestraron todos sus bienes. Grandes, espantosos, enormes, eran los delitos que se le acumulaban al buen don Tomás Treviño y Sobremonte: Que degollaba con cuchillo las gallinas destinadas al lujoso servicio de su mesa, y que antes de degollarlas se volvía hacia el Oriente para decir, por tres veces, unas oraciones incomprensibles; que al acabar de comer se lavaba las manos tres veces seguidas con agua fría, haciendo cada vez una genuflexión distinta, viniendo a ser aquel lavado casi una ceremonia litúrgica, y que en una ocasión dijo que se lavaba así para purificarse; que al saludarle los buenas días o las buenas noches, en lugar de decir: "Alabado sea el Santísimo Sacramento", como un cristiano viejo, respondía: "Beso las manos a su merced", inclinándose mucho, con la punta de los dedos puesta en la frente; que no probaba lo gordo de las carnes.

Contaban que cuando se casó todo el mundo vio, con asombro, que a la hora de la comida se echó en la cabeza un paño blanco, principiando a comer no por la sopa, sino por un plato de buñuelos con miel de abejas, justificando esta rareza con falsos versículos de la *Escritura* que, dijo, mandaban eso que él hacía; que ese día sentó a su mesa a muchos judíos reconocidos por tales, y que para celebrar la boda se hicieron en secreto complicados ritos mosaicos.

Afirmaban los que bien lo conocían, que ayunaba con frecuencia, alegando dolores de cabeza o desgano de comer; que se hizo circuncidar y que él mismo circuncidó a su hijo; que no probaba gallina que hubiera degollado una mujer; que únicamente se ponía camisa limpia los viernes; que se lavaba los brazos sólo de las manos a los codos; que no iba jamás a misa ni se confesaba, ni siquiera por Pascua Florida, como lo manda la Santa Madre Iglesia; que se le veía muchas veces en un rincón recitando sus pecados al modo judío; que maldecía a menudo de los benéficos señores inquisidores y que narraba de ellos cosas terribles y feas; que echaba espantosos baldones a los católicos reyes que fundaron el Santo Tribunal de la Fe; que contaba horrores que decía haber visto y oído en las cárceles del Santo Oficio; que se reunía con protervos judaizantes para aleccionarlos de cómo habrían de contestar cuando fueron apresados por los inquisidores, pues que él, afirmaba, se libró de sus garras sangrientas por las hábiles negativas que les dio hasta convencerlos, engañándolos.

Por todas estas cosas tremendas, abominables, fue aprehendido, y dijo que si querían llevarlo al tormento, que lo llevaran, pero que él era judío, como judíos eran sus padres y judía su mujer y que durante toda su vida había acatado la ley de Moisés, vieja de siglos, en la que firmemente deseaba morir, y que jamás abjuraría de ella para cambiar de fe. En su calabozo se le miraba siempre de rodillas, su larga barba apostólica estaba a toda hora temblando por las oraciones que, en voz baja, movían constantemente sus labios; se le tenía que obligar por la fuerza a que comiera, porque días y más días duraban sus rigurosos y tenaces ayunos. Todos le veían absorto con una cara de iluminado, sumergido en misterioso transporte, como si estuviese oyendo del otro lado de la vida cosas gratas.

En la prisión se le acendró su dulzura, su cordialidad afectuosa; era más apacible y más suave y se expresaba por parábolas. Los carceleros casi lo miraban con piedad. A todas horas tenía su espíritu elevado en contemplaciones inefables de santo. Cuando se le notificó que estaba condenado a muerte como relapso, pues ya en el autillo de Santo Domingo había sido reconciliado, sonrió con un gozo apacible como si le ofrecieran un bien ansiado, la santa liberación de la muerte que esperan los mártires para recibir la gracia del premio.

Le vistieron el sambenito con rojos pintarrajos y en la cabeza la alta coroza, le pusieron mordaza, y todo lo aceptaba con mansedumbre, sonriendo con risueña indulgencia; sólo se negó a que le metieran entre las manos atadas la vela verde de los relajados. Ya en el tablado oyó impasible, puesto de pie entre los otros condenados, la aburrida y larga lectura de su causa. Sus ojos seguían por el cielo la belleza de algo invisible. Ya en poder del brazo seglar se le echó a lomos de una mula que apenas lo sintió encima empezó a respingar; se le puso en seguida en otra que también corcoveaba mucho, y de esa mula lo montaron en un caballejo flaco, cojitranco y con mataduras. Lo ponían a la vergüenza para quitarle la vida con más afrenta. La gente decía, entre oraciones y jaculatorias, que hasta los animales se negaban a conducir a aquel maldito perro judío, a quien Dios iba a tener siempre en el infierno.

Un indio llevaba del diestro al renqueante y escuálido caballejo y el aborigen exhortaba a don Tomás a que creyera en Dios Padre, en Dios Hijo y en Dios Espíritu Santo, y sus palabras de dulzona súplica las acompañaba dándole al pobre caballero espantosos puñetazos, ya en la cara o en el torso, con los que casi lo derribaba de la triste cabalgadura. No había nadie entre el enorme gentío que se aglomeraba en las calles, que le tuviera a don Tomás una poca de piedad o, si por acaso se la tenían, la sofocaban en lo más oscuro de su alma, pues con muy graves censuras estaba prohibida la compasión para los condenados por el Santo Tribunal de la Fe.

Salían gritos de entre el apiñado gentío, otros bajaban ardientes de las ventanas y azoteas, incitándolo a que se arrepintiera de sus culpas, pero don Tomás Treviño no miraba a nadie, no oía nada, iba absorto en sus dulces visiones interiores; iba como sin ideas ni designios por la tarde azul, llena de ardoroso vocerío. En su rostro, de delgado marfil, untaba sus luces doradas el Poniente y las embebía en los bermellones del sambenito y de la coroza. Don Tomás caminaba transfigurado, con una enajenación silenciosa, confortado por la fe de sus esperanzas. El premio sigue al filo de la muerte.

Todo aquel gentío que asistía al auto de fe para ganar miles de indulgencias preciosas, no miraba a los otros reos, sino sólo veía a don Tomás Treviño y Sobremonte, y se contaban las gentes, unas a las otras, sus ritos y ceremonias de judío contumaz. Por fin llegaron con él al quemadero. Un fraile dominico se le acercó a decirle que abjurara de sus nefandas creencias y le mostró la cruz que estaba en medio del quemadero, don Tomás hizo un violento ademán de abominación y luego volvió a poner suave paz en su rostro. Lo llevaron al poste en que iba a dejar la vida.

Don Tomás estaba impasible, sin ningún gesto desesperado, era todo mansedumbre y serenidad dulce. Sin temblar metió él mismo las manos en la argolla puesta detrás del poste fatídico; sonriendo se dejó atar, sonriendo con apacible delicadeza, bondadosamente. A sus pies, para el suplicio, se encontraban sus muebles despedazados. Las maderas rajadas, de ébano, de sándalo, de roble, de cedro, de nogal, de alcanfor, de rosa, de palisandro, de granadillo; maderas resecas de muchos años, empezaron a levantar sus inquietas llamas amarillentas y fugaces.

Al fijarse de pronto don Tomás en los preciosos muebles de su casa, destrozados todos, hechos leña para quemarlo, se le llenaron los ojos de una vaga pena y se acercó con los pies, para que ardieran pronto, algunas tablas distantes en las que todavía brillaban pedazos de nácar y de marfil de las preciosas taraceas o tenían aún hierros y bronces cincelados, don Tomás, muriéndose porque no se moría, dijo con imperiosa voz de mando:

—¡Señores verdugos, echen más leña, más, que mi dinero me cuesta!

Las llamas subieron inquietas y largas, arrebataron de súbito el sambenito; la barba augusta y profética ardió con llama acelerada. Crepitó con violencia toda la fogata encumbrando penachos de chispas. Una gran columna de humo envolvió al desventurado judío, perdiéndose las violentas lenguas de fuego en el aire ya turbio del atardecer. Rugía imponente la santa hoguera de la fe. Por encima de las vivas llamaradas estaba una llamita pequeña, azulada, saltarina, prendida en la punta de la coroza.

La multitud se santiguaba; tenía un santo gozo interior por haber ganado buenas, magníficas indulgencias. De los árboles de la Alameda venía benigna una olorosa frescura. Las estrellas empezaban a saltar trémulas en el cielo.

La monja-alférez

Qué melindrosos aspavientos hacían las buenas madres y qué acongojadas y largas exclamaciones daban continuamente viendo a aquella monja tan desenvuelta, tan atrabiliaria, tan llameante. Las dulces y tímidas sorores no dejaban de murmurar jaculatorias y de santiguarse horrorizadas mirándola correr sofocada por aquellos patios, echando al suelo cuanto encontraba; se pasmaban de la agilidad con que deslizábase por las columnas, enredando en ellas sus fuertes piernas de moza, para subir al claustro alto, o bien para bajar de él; se sentían desmayar cuando la veían que se arremangaba, ¡horror!, sus venerables hábitos para encaramarse a los árboles, y lo hacía con tan expedita soltura que andaba por sus ramas con más tranquila seguridad que por la ancha escalera del convento; daban gritos consternados y ansiosos al verla disparar un arcabuz o una ballesta, matando palomas con certera puntería; se quedaban hechas un puro temblor al contemplarla trepar a lo más alto del complicado retablo de la iglesia para poner un clavo, sacudir un santo o colgar una cortina; agonizaban muchas veces cuando se subía en la mula que volteaba cansada en la noria y sacándole un extraño ímpetu, corría en ella desaforada, en furiosa carrera, por toda la huerta, echando largos alaridos de júbilo y con todas las tocas al viento, en un amplio revuelo.

Pero cuando se enfurecía era temible esta monja. Se llenaba de rencor hasta los ojos; parecía que se caldeaba en las mismas hogueras infernales. Las señoras monjas corrían despavoridas a encerrarse en sus celdas, con oraciones en los labios, pues ya sabían bien que si les daba alcance, les desplegaba y les desalforzaba todas sus ropas, y eso era lo de menos, que a muchas, ¡Señor, Señor!, las dejó desnudas con una sola de sus manotadas feroces, o les daba tundas formidables, y así bastantes estaban cojas de las patadas burreñas que les colocaba con frecuencia, y no había una sola a quien ella, llena de rabia, no hubiese echado a la fuente, y entonces retumbaba el convento de gritos y de llantos. Las agarraba del cuello y las metía y las sacaba en el agua como si estuviese ensopando en una jícara de chocolate la delicia de un bizcocho.

A la venerable priora, que era su tía, la carrereó por todos los claustros persiguiéndola con un asador y echándole improperios. De pronto le arrebataba la cabeza a una monja, cuando ésta menos lo esperaba, y no sé qué atrocidad horrible le decía al oído; el caso es que la monjita abría primero unos enormes ojos, exhalaba un grito y caía al suelo exánime o con un patatús. Descalabró a la madre vicaria de un sartenazo; le dio una azotaina feroz a la madre clavera y por poco estrangula a la suave y docta maestra de novicias. Una noche, cuando estaba la comunidad muy llorosa y afligida cantando en el coro sus dulces latines, esta monja atrabancada y terrible se fugó del convento. Las monjitas suspiraron ya con descansada delicia y el convento tornó a embalsamarse todo de quietud, a quedar enhechizado de una paz cadenciosa, llena de incienso y de flores.

Esta sor atrabiliaria y terrible se llamaba doña Catalina de Erauso. Nació doña Catalina en tierras de Guipúzcoa, en San Sebastián, a comienzos del año de 1592, aunque ella en sus memorias afirma que fue en 1585 cuando vino al mundo. ¡Extraño caso que una mujer se aumente la edad en siete años nada menos! Era hija del capitán Miguel de Erauso y de María Pérez de Galarraga, quienes nunca pudieron sosegarla. Tuvo seis hermanos, tres mujeres y otros tantos hombres, entre éstos Miguel, fue su valiente compañero de armas y murió a resultas de una buena estocada que ella le metió en el cuerpo, pues la Monja manejaba la espada con fuerza y destreza de avezado espadachín. De esta muerte ocasional se dirá más adelante en el curso de esta historia.

Al saber sus padres, llenos de dolor, que se fugó del convento hicieron grandes diligencias para encontrarla, pero no lo consiguieron. Ella, por muchos días, se estuvo queda en lo espeso de un castañar, se cortó el pelo a lo varón, se hizo con sus ropas monjiles un pobre traje masculino y se acomodó de criado con un sabio y acompasado catedrático; pero a poco este grave señor, babeando de rabia, la despidió porque le hizo un horrendo estropicio, aunque un enorme bien a la humanidad: le echó en el brasero el formidable manuscrito de una obra matemática que estaba componiendo en latín desde hacía catorce años y en la que demostraba no sé qué cosas imposibles de la parábola y de la elipse.

Pasó en seguida de paje con un noble caballero que la vistió con elegante pulimiento, como cumplía al lujo ostentoso de su casa nobiliaria. Muchas veces con estos ricos vestidos oyó misa en Santa María casi junto a su pobre madre, quien no la conoció en esa pulida traza de doncel; pero doña Catalina se conmovió al verla que lloraba muy abatida, metiendo con dulce ahínco su mirada lacrimosa en los ojos suaves e inmóviles de la virgen del Coro.

En esa casa linajuda tuvo una alborotada pendencia con un mozo de mulas, y como final de ella le echó encima de la cabeza un enorme peñasco que no más le rebotó y fue a aplastar a una res, pero a él ni siquiera se la descascarilló ni en lo mínimo, porque era bruto definitivo, pero si hubiera sido hombre de ligero entendimiento le deja la sesera untada en el santo suelo. Por esta leve cosa entró en la cárcel muchos meses, y al cabo de ellos salió muy gallarda y muy henchida de ciencia, porque la cárcel adoctrina y amaestra.

Se fue a Valladolid y continuó levantando constantes bullicios y haciendo fieros y desgarros y en una de tantas y por una nonada mató a un golfín valentón en una riña, con un cuchillo jifero y picado. Nueva prisión y más refinados adelantos en la picaresca. Anduvo después por muchas partes de España sirviendo de paje a hidalgos y a nobles señores, por o siempre la arrojaban de sus casas por los grandes alborotos que armaba y en los que siempre había sangre, puñetazos y hasta cuchilladas. Ella salía de todas las trifulcas muy oronda y altiva echando roncas y maldiciones. Una noche, en Cáceres, la asaltaron enfurecidos tres hermanos para vengar un hondo agravio que les hizo, y a uno de ellos le aumentó bastante más la injuria, pues que le mató con destreza a los otros dos que lo acompañaban. Se refugió, con el derecho de asilo, en una iglesia, y a poco salió la Monja muy terne para el Perú. Las autoridades lo supieron, por o para quitársela de encima la dejaran hacer, complacidas, su camino adelante.

En Lima trabajó muy bien la criptorquidia en lo que pudo, pero tramando siempre en su vida los indispensables pleitos y escándalos, y luego sentó plaza de soldado y fue a dar a Chile. Encontró allí al capitán Miguel de Erauso, su hermano, que conoció al punto, y él a ella no. Al pasar el Capitán la lista de los soldados a su mando y en la que se indicaba su nombre y tierra, doña Catalina había puesto ser de San Sebastián, y el hermano, con emoción de ausente, le preguntó por cosas y personas de ese lugar, bello lugar marino, y ella le dijo conocer bien a los de su familia, y le contó de la madre, ya pequeñita, anciana y enlutada, y del padre, siempre risueño, lleno de caridad. Le tomó gran cariño el Capitán y a diario la sentaba a su mesa, embelesándose con las pláticas de su Donostia distante, verde y lluviosa.

Un buen día le dijo doña Catalina que no fuese a ver a una dama que él frecuentaba, pues que sabía de cierto que no era buena de su cuerpo. El Capitán tornó a los brazos de su amiga, la Monja le reconvino con acritud, se dijeron fuertes palabras y salieron prontas las espadas a sostener los dichos. Pelearon gran rato con mucho coraje, pero ella, más diestra, hirió de gravedad al hermano, por lo que se le formó causa y fue desterrada a un fuerte, pero en los tres años que allí vivió, estuvo cada día con las armas en la mano por la multitud de indios enemigos que había en esas apartadas regiones.

Los naturales se alzaron en una gran conjuración y tomaron la villa de Valdivia, pero los españoles dieron una valerosa batalla y la Monja peleó con mucha valentía, cara a cara con la muerte, hizo una gran matanza y aprehendió al capitán de los indios, un noble cacique, y asiéndolo del pelo lo llevó a rastras ante el gobernador y en su presencia ella misma quitó la vida de un arcabuzazo al pobre aborigen y se quedó tan tranquila, limpiándose lentamente la sangre que le salpicó toda la cara. En esa campaña fue muerto el alférez de su compañía y a ella, con general aplauso y regocijo de todos los soldados, se le dio por su valor ese nombramiento, y hubo largas y bulliciosas fiestas para celebrárselo.

Poco tiempo después, como no podía estar sosegada, riñó con unos soldados por asuntos de juego. Puso en acción su genio destemplado y violento. Se armó una sulfurada pelotera que ella deshizo a bofetada limpia, y con sus golpes no más volaban, muy deteriorados, muchos súbditos del rey, y para acabarlos pronto de apaciguar sacó su puñal e hirió a cuatro mílites muy de muerte, y a uno de ellos lo sacó sin más ni más para el otro mundo con un exquisito metisaca que le dio en el corazón para que fuera a platicar con su compadre el diablo. Partió de huída la Monja, pero se logró capturarla; como pena, la desterraron a otro fuerte más lejano, de donde pronto se fugó con audacia. Salieron a perseguirla y le dieron alcance; en la refriega sacó de la vida a tres de sus perseguidores y los otros regresaron chorreando sangre y ella anduvo prófuga por el campo y montañas durante meses y meses, pasando hambres y muchos trabajos.

Llegó al Potosí con los pies desollados por el largo caminar, entró de camarera al servicio de un señor Veinticuatro, apacible y tonto. Su hijo mozuelo altivo, se irritó una mañana con ella porque no le llevó pronto aguamanos, pero la Monja lo aplacó luego, ¡no faltaba más!, agarrándolo por el pescuezo y, tras breve remolineo por el aire, lo echó por un balcón a la calle con la facilidad con que se avienta un popote; el mozo corajudo se hizo tortilla en el empedrado, con lo que ya no se le volvió a sulfurar el genio, y doña Catalina, muy prudente, se apartó pronto de la casa para no habérselas con la Justicia, y se fue a ocultar al rebullicio de una mancebía, en la que hirió luego a una pintorreada daifa que la besó en la boca; salió en defensa de la prostituta un bronco mozallón, pero la de Erauso, en dos por tres, le perforó el cuerpo a puñaladas y lo dejó tendido, sin espíritu. Logró escaparse de la mancebía y se fue a esconder a la casa de un clérigo, en la que había mozas, buen vino, guitarra, carcajadas y suculentos guisados. Buenos días pasó allí, aunque no gustaba en ese sitio de esa vida alborotada.

Por entonces se sublevó el capitán Alonso de Ibáñez y la Monja temeraria dejó su alegre escondite y con otros soldados a quienes se unió, montó a caballo, entró ardorosa en batalla con los alzados, e hizo en ellos hostilidades y estragos. Los desbarató y rompió. Encárose con el de Ibáñez e indignada embistió contra él, y a puras cuchilladas lo dejó enteramente inservible. Agonizando lo atravesó en el caballo y ya con las boqueadas de la muerte lo fue a echar con desprecio a los pies del gobernador del Potosí. Por este hecho, como no podía ser menos, fue perdonada por la muerte del hijo del caballero Veinticuatro, por las heridas que dio en el lupanar y por el mozo que allí mató. Se fue entonces alegre a la conquista de tierras desconocidas, y en las numerosas batallas y reencuentros que tuvo a cada paso siempre fue valerosa, bárbara y audaz.

Una noche estaba la desaforada hipospádica descansando de sus largas fatigas en una posada y unos mercaderes la persuadieron con muchos ruegos de que jugase un poco, y aunque se rehusaba, porque vio que los naipes estaban marcados de intento para ganarle, accedió, porfiada de todos, y a pesar de las constantes bellaquerías que le hacían, ganó en menos de dos horas como cincuenta mil pesos; se enojaron los perdidosos y echáronle las barajas a la cara; pero ella, con gran presteza, le metió la daga en el pecho a uno de los jugadores, con lo que le arrojó el alma al infierno y a otro, de un solo tajo, le partió, por gala, la cabeza en dos. Los amigos de los muertos sacaron los aceros y se armó una horrenda trifulca, erizada de gritos y blasfemias. Ella hirió a varios; a ella la hirieron también por muchas partes. La aprehendieron, le embargaron cuanto tenía, estuvo en la cárcel largo tiempo y, por remate, la echaron de la ciudad.

Volvió a Lima. En la Ciudad de los Reyes fueron sin cuento sus riñas, las cuchilladas que dio y las que le dieron. Se supo que el puerto del Callao estaba en poder de piratas ingleses, y ella se alistó pronta y alegre al socorro. Llegaron al consternado puerto las tropas de auxilio, pero los ingleses huyeron rápidos, sin ponerse en batalla, e hiciéronse a la mar; en su persecución salieran los españoles en un ligero navío, les dieron pronto alcance y lo abordaron con feroz valentía. La Monja peregrina con pecho animoso saltó la primera en la nao del enemigo e hizo gran riza. Con sólo espada y rodela causó mucho estrago y carnicería y aun le pegó fuego a la embarcación de los audaces bucaneros; la abandonaron rápidos los españoles, y ella, muy gallarda, salió la última, sin dejar de pelear, casi envuelta en llamas como un dios antiguo.

Le hicieran amplias mercedes por su valor y arrojo, y estuvo sosegada corto tiempo en Lima, sirviendo de paje en una casa principal; pero una tarde, en un garito, armó espantosa rifa. Un soldado forzudo y baladrón, apodado el *Nuevo Cid*, le echó mano a un rimero de reales de los que ella tenía ganados; la Monja, viéndolo con inquina de pies a cabeza, lo dejó hacer el hurto una vez y otra vez más, y le dijo con voz aterradora que si tan siquiera pensaba intentarlo le habría de pesar muy mucho.

Tornó el soldado a cogerle otro puñado de reales y no bien acababa de poner la mano en el dinero, cuando ella con rápida violencia se la clavó en la mesa con una daga y en seguida le dio un enorme bofetón que creo que resonó en toda la ciudad, y con él lo volteó al revés con la mesa y todo en que tenía la mano asegurada por el hierro. Se revolvió enormemente el garito en una sangrienta tremolina. Salió todo el gentío a la calle, que se hinchó de espadas y de gritos que se hundía el cielo. Se llevaron a la Monja calle abajo, tirándole feroces estocadas que ella paraba con ágil destreza; en esto llegaron unos amigos y, generosos, se pusieron a su lado y aquello fue toda una revuelta y enconada batalla.

El *Nuevo Cid* alcanzó a la Monja con dos hondas estocadas que la echaron al suelo junta a los paredones del convento de San Francisco; pero el soldado, creyendo que la había matado, se asió a las aldabas pidiendo a gritos asilo. La Monja se levantó con gran esfuerzo; apoyándose en la pared fue hacia su contrario y ambos se tiraron a un tiempo dos formidables tajos; pero ella, esquivando con agilidad el de su enemigo, le metió a éste tres palmos de acero en el cuerpo, con lo que tuvo para rematarle la vida; cayeron ambos en tierra, el *Nuevo Cid* con el alma camino del averno, y ella desfallecida por las heridas, pues por todas las partes de su cuerpo echaba abundante sangre.

La entraron en el convento y aseguró el físico que viviría sólo dos horas escasas. La Monja peleonera pidió con un débil balbuceo confesión; se confesó muy contrita hasta dejar escueto el almacén de pecados. A las pocas semanas, habiendo estado en las justas orillas de la muerte, quedó sana y bien puesta, pues se le cerraron las heridas y todos los humores se le pusieron en la conveniente proporción, con lo que determinó salir del convento con ánimo de echar tierra de por medio; pero el juez de la causa, que era pariente del *Nuevo Cid*, la buscó con rabioso empeño, la halló, y fue a aprisionarla con unos negros. Hubo entonces una refriega estrepitosa; mató ella a tres negros e hirió muy mal al rencoroso juez, y como acudió en el acto mucha gente a dar favor a la justicia, lograron prenderla y ya en estrecha carcelería le añadieron bastantes causas, y acortando trámites se la condenó a muerte.

Mandó llamar a un confesor y hallándose muy apretada por la intransigente resolución del juez, tuvo por bien descubrir su sexo, y el Padre, inmediatamente, lo comunicó a la justicia, por lo que se dilató el término por ser mujer la acusada, y, por lo mismo, se vio ya más despacio la causa. Se supo bien que era doncella, pues que dieron buena fe de ello varias comadres muy prácticas. Se pusieron de su parte obispos, gobernadores, toda la nobleza de los vizcaínos, y, además, se acumularon en su favor muchas cartas de los principales caballeros del reino; con todo esto y los años que había servido al rey, los valerosos hechos que siempre tuvo y los oficios honrosos con que había sido premiada, consiguió su libertad. Se encargó de la revoltosa e hipospádica doña Catalina de Erauso el señor obispo del Cuzco, quien dispuso sus cosas en orden para provecho de su alma, la vistió con hábito de monja y la envió a España en el primer navío que zarpó.

Al embarcarse, se puso a reír de ella un hidalgüelo, al verla cómo traía torcidas y cayéndosele las tocas y cómo se le enredaba el paso hasta manganearse con los hábitos monjiles; pero la Monja le dio un bofetón tan soberano y tan amplio que hizo echar al hidalgüelo dos rápidas volteretas en el aire y le dejó la boca desocupada de dientes y muelas. Arremangándose los estorbosos hábitos para andar con soltura, dijo que hablaría con el papa y con el rey para volver a estas partes, en donde quería morir. Veinticuatro años anduvo esta monja audaz y valerosa en tierras de América.

LA MONJA-ALFÉREZ EN LA NUEVA ESPAÑA

Este desaforado marimacho no vivía más que entre inquietudes y alborotos. Era la suya una vida tumultuosa y efervescente. Donde ella estaba había siempre una anhelante zozobra. Por el menor motivo encendíase de ira rabiosa y echaba rayos y centellas. Tenía verdaderos ramalazos de locura. La gente se santiguaba y decía que había aparecido el Anticristo. Las espadas, las dagas, los cuchillos jiferos, los arcabuces y pistoletes los manejaba con el fácil donaire con que una dama agita el abanico en el perfumado esplendor de un estrado.

Quien bien la conoció en Italia afirma en una hoja volante, que era de mucho corazón y destreza, no fea de rastro, pero no hermosa; y se le reconocía estar un tanto maltratada pero no de mucha edad; los cabellos los tenía negros y cortos como un hombre pero con algo de melena; carecía de pechos, pues siendo muy muchacha, contaba que se puso en ellos no sé qué extraño menjurje que le dio un italiano para secarlos, y que así fue como se le quedaran llanos, después de soportar grandes dolores, que le causó este emplasto; su traje era de varón y a la española; traía siempre espada bien ceñida y con guarniciones de plata, tampoco se separaba jamás de una daga de rica empuñadura que fue regalo que le hizo un virrey del Perú. Su cabeza estaba un poco agobiada: era más la de un soldado valiente que la de un cortesano, y sólo en las manos se le podía conocer que era mujer, porque eran abultadas y carnosas, robustas y fuertes, pero las movía lentas, de modo femenil. Estos sus ademanes, que no estaban muy de acuerdo con su apostura bizarra y con el tono ronco de su voz, le trajeron no pocas burlas, pero el tremendo virago les ponía pronto fin con estocadas o con la ágil y rasgada soltura de su lengua con la que hacía heridas penetrantes.

Era doña Catalina de Erauso muy amiga de clérigos y frailes, con ellos tenía largas y gustosas pláticas, refrescos y meriendas frecuentes, pues aparte de sus indomables arrojos varoniles, tenía por costumbre rezar todos los días, lo que es de obligación a las religiosas profesas; ayunaba toda la cuaresma, los advientos y las vigilias, hacía tres rigurosas disciplinas los lunes, los miércoles y los viernes, y diariamente oía misa con mucha elevación de espíritu.

Iba en un galeón camino de Italia y un francés, también pasajero en él, se descomedió soezmente de lengua diciendo cosas feas, aunque ciertas, del rey de España. La Monja, que estaba rezando sus horas, llenas de uncioso fervor, con gran calma se volvió hacia el galo y le dijo:

—¡Miente, bellaco, y miente por mitad de la barba!

El francés le iba a contestar, pero ella lo tomó con un suave modo amoroso entre los brazos y lo arrojó al mar, en donde se ahogó por caer atontado del golpe, y la atribiliaria Monja siguió impávida, encomendándose con gran tranquilidad a Nuestro Señor Jesucristo y leyendo en su libro de horas, como si sólo se hubiese espantado del rostro la insistente impertinencia de una mosca.

Ya en Roma, contó al Papa Urbano VIII muy por extenso todos los episodios de su vida romancesca, y Su Santidad quedó muy maravillado de sus grandes hazañas y aventuras y a su pedimento le concedió, sin ninguna objeción, que pudiese andar en traje de hombre y, además, le hizo el regalo de cuatro preciosas láminas de San José y de otros tantos jubileos para que, si lo deseaba, hiciera gracia de todo ello a las personas que quisiese. Un cardenal se alarmó, escandalizado, ante la concesión de que vistiera aquella mujer ropa masculina y dijo al Padre Santo que mirase bien que no era justo hacer ejemplar para que las mujeres que habían sido religiosas anduvieran en traje indecente; a lo que respondió el Sumo Pontífice:

—Dame otra monja-alférez y le concederé lo mismo.

Volvió a España la loca peregrina y, mediante poderosos valedores que conocían y admiraban sus hechos, logró hablar con Su Majestad don Felipe IV, quien, después de haber visto sus papeles en el Consejo de Guerra, le libró gustoso, en recompensa de sus servicios, una orden de quinientos pesos cada año, que le serían pagados ya por las Cajas Reales de Manila, de México o del Perú.

Entonces, año de 1630, vino a estas tierras de Nueva España el alférez doña Catalina de Erauso. Presentó la real cédula al marqués de Cerralvo, que como virrey gobernaba este reino, y se le pagó en el acto lo ordenado por Su Majestad, el rey don Felipe. El Virrey convidaba muy complacido a la Monja a su tertulia de Palacio, y tanto Su Excelencia como los caballeros que a ella acudían, se embelesaban oyéndole decir sus hechos y creían escuchar viejos y alucinados relatos de libros de caballerías.

Algunos años tuvo vida quieta la hipospádica doña Catalina. Con sosiego feliz se dedicaba a la baraja y a sus oraciones; pero después de haber corrido por tantas y tan diversas vías, tenía añoranzas de la vida sabrosa del camino, vida ancha y libre, con penas, alegrías y trabajos, con la risueña estrechez de posadas y mesones, con la inquietud de perder la existencia y con el regocijo de librarla. Veía la empuñadura de su espada ociosa y sentía un anhelo afanoso que la empujaba a la aventura. Entonces decidió dedicarse a la arriería, y empezó a hacer viajes de México a Veracruz llevando y trayendo mercaderías en su reata de mulas. El festivo tintineo que derramaban las campanillas de sus recuas, metía en su vida una delicia venturosa y ella alegraba la vía cantando apicarados sones de su tierra, viejos romances de moros, de guerras y de amor, o bien antiguas gañanadas de cadencias hondas y largas.

En uno de sus constantes viajes un mercader de Jalapa puso en sus manos una carta comendatoria para el alcalde mayor, informándole que era mujer quien se la entregaba y que, por lo tanto, bien podría confiarle a su hija para que la condujera a México, en donde profesaría de religiosa. Pero el alcalde se quedó atónito, pues no creía que fuese hembra aquel arriero, membrudo, malhablado y colérico, y para salir de sus dudas se arriesgó en mandar a sus hijas que la convidasen a un baño y él se puso donde no lo vieran. Con gran admiración quedó convencido de que era muy verdad lo que había escrito en aquella misiva su amigo el mercader, con lo cual al día siguiente, le entregó muy confiado a la hija que había decidido entrase monja en uno de los monasterios de México.

Iba la Monja-alférez haciendo contenta su camino, embelesada en la belleza y delicada gracia de la doncella que conducía. Esta caminaba cubriéndose el rostro con papahigo, como persona principal que era, para defenderse del sol y del viento. Se toparon cerca de Chila con el alcalde mayor de ese lugar, acompañado de un escudero, quien llevaba en la mano una azcona o chuzo. Preguntó el alcalde a la Monja que adónde bueno y con aquella dama gallarda tan arrebozada y con mascarilla, que si era por ventura su esposa.

—No lo es, no, porque no es posible que lo sea —le contestó frunciendo el ceño.

—Pues entonces que se quite la mascarilla en el acto, porque importa así al servicio de Su Majestad.

—¡Calle, hombre de Dios, y no diga desatinos!, pues Su Majestad el rey jamás tendrá noticias de este viaje ni a su real servicio hace al caso quitarse o no quitarse la mascarilla de camino; pero si vuesa merced se empeña en que se la quite esta señora sólo la ha de conseguir vuesa merced pasando por las dos balas que tiene el arcabuz de rueda que ve ahora en mis manos.

Al mirar su encendida furia y el temible arcabuz en sus

manos, el alcalde y su criado volvieron grupas y apenas se atrevieron a echarle unas amenazas que ella contestó con redondos ternos que espantaron las orejas del amo y las del escudero, quienes más recio se pusieron a picar en sus cabalgaduras. Llegaron a México sin otra novedad, y los parientes de la dama las recibieron con alborozo y con muchas fiestas de regocijo.

La Monja hombruna empezó a sentir una vaga inquietud; un gran desasosiego llenaba todas sus horas y era sólo para ella una dulce delectación contemplar el grácil encanto de aquella doncella que le dieron en custodia. No sentía gusto sino estando a su lado. Pero un día se llenó de rabioso furor al saber que un rico hidalgo de la ciudad, don Xavier de Ordóñez, quería casarse con ella y que ella estaba rendida de amores por el hidalgo y que hasta le había confesado ya sus pasiones y tormentos.

A la bronca criptorquídea se le inflamó un incendio de celos en el pecho. Le rogó a la doncella, con apasionada dulzura, que entrase, cuanto antes, de religiosa, y que la dotaría ampliamente y, a más de la dote, le pondría tres mil pesos de renta y aun le daría la mitad de lo que cobrara como pensión en las Cajas Reales, y como si esto no fuese aún bastante, le hacía la promesa con juramento de entrar con ella al monasterio para en él acabar sus días al lado suyo, lejos de los cuidados del siglo, mirándola siempre en una muda y fervorosa contemplación.

La enamorada doncella no hizo caso de las proposiciones ni de las muchas lágrimas de la peregrina y casó con el apuesto hidalgo don Xavier de Ordóñez. La Monja-alférez, del celoso disgusto, cayó en grave enfermedad con la que por poco se le iba a ir la vida, pero salió al fin a la salud, aunque muy llena de tristeza. No hacía más que llorar acongojada. Estaba henchida de desesperación y de rabia a todas horas. Los celos la consumían. Iba a visitar a la dama que se le fue de su cariño, pero en su casa se enfurecía con extraño frenesí al verla feliz al lado de aquel hombre hermoso, y un día, muy enojada, se opuso a que fueran otras señoras a su estrado, porque quería tener para ella sola la plática de la hermosa dama; pero el marido no le toleró ese capricho y le dijo que ella era quien ya no debía volver más a su casa.

La Monja-alférez se llenó de trágico furor, rebramaba, loca de rabia. Todo lo que había a su alrededor lo hizo mil pedazos. Echaba horrendas palabras y llamas por los ojos y hasta creo que piedra azufre. A su lado una feroz euménide no sería sino una cándida niña en su primera comunión. Arrebató iracunda un papel y se puso a escribir una carta, y todo lo agujereó por la furia con que en él ponía la pluma. Esto decía debajo de una cruz:

> "Cuando las personas de mi calidad entran en una casa con su nobleza, tienen asegurada la fidelidad del buen trato; y no habiendo el mío excedido los límites que piden sus partes de vuesa merced, es deslumbramiento impedirme el entrar en su casa; además que me han certificado que si por su calle paso me ha de dar la muerte, y así yo, aunque mujer, pareciéndole imposible a mi valor, para que vea vuesa merced mis bizarrías y consiga lo que blasona, le aguardo sola detrás de San Diego, desde la una hasta las seis. Venga y la verá.
>
> Doña Catalina de Erauso".

El hidalgo se sentó tranquilo a su bufete y le contestó este otro papel.

> "Poco debiera a las muchas obligaciones, que a mi calidad profesa, si viéndome tan desigualmente desafiado me dejara llevar del enojo, que siendo un hombre podía, pero siéndolo de una mujer no es bien tan de conocido arriesgar la

reputación adquirida, y así, sirviéndose vuesa merced de dejar eso para los hombres, puede ejercitarse en rezar y en encomendarse a Dios, que la guarde muchos años.

Don Xavier Ordóñez".

La Monja se puso hecha un grifo. Bramaba como toro herido, levantando su iracundia hasta las estrellas. Tenía hundido todo el piso con sus patadas de forzudo jayán y por poco, con ellas, no echa abajo toda la casa. A su alrededor ya no había nada útil y servible; todo estaba reducido a añicos y en vías de volverse menudo polvo, porque seguía enconada aún en esos destrozos. Echaba ponzoña y fuego por la boca y mordía la tierra de pura rabia.

Se enteraron del enorme disgusto personas de mucha importancia en la ciudad y, para evitar mayores males, la fueron a sosegar, reconciliándola con don Xavier, y así volvieron ambos a la amistad, a una amistad recelosa y fría. Haría cosa de un mes que habían recalentado su afecto, cuando un atardecer, al pasar la briosa peregrina por un callejón, camino de un garito, vio a su reconciliado amigo que con espada y broquel se defendía desesperadamente de cinco hombres que lo atacaban con rabia, queriéndolo acabar; en el instante corrió decidida a su defensa, con la espada y daga desnudas, y poniéndose a su lado le dijo:

—¡Señor hidalgo, los dos a los que salieren!

Diciendo esto, cargó sobre los cinco asaltantes, con mucho ímpetu y arrojo, y viendo don Xavier, a quien favorecía la bizarría de su despejo, le gritó:

—Señor alférez, blanda la mano que importa.

Llegaron otros amigos atraídos por las blasfemias y el choque de las espadas, y pusieron paz en todos. Alzaron del suelo a los atacantes heridos, que ya dejaban la vida, nadando en su propia sangre, para hacer pie en la eterna. Don Xavier, favorecido en la áspera pendencia, iba a dar a la Monja las muchas gracias más rendidas por el beneficio recibido, pues si no hubiera sido por su valerosa y eficaz intervención allí habría tenido fin su existencia; pero apenas se le acercó, la Alférez acumuló en su mirada todo el desdén y la acritud de su carácter, y después de mirarlo lentamente de arriba abajo, y de abajo arriba, le volvió con altivez la espalda, y envainando el acero de golpe, le dijo con voz aterradora:

—¡Señor hidalgo, como de antes!

Volvió al hato de los arrieros, trajinando con sus recuas, pero ya muy triste. Apenas si decía palabra; sus ojos estaban anublados de perenne melancolía. Flaca y descolorida parecía que estaba llamando su vida a las aldabas de las puertas del otro mundo. El año de 1650, haciendo el camino de Veracruz con carga fletada, en la villa de Quitlaxtla le dio el mal de la muerte. La cogió la agonía muy de prisa y de modo ejemplar rindió el alma a Dios después de haber andado más de cincuenta años por el mundo.

Se le hizo un suntuoso funeral y el obispo don Juan de Palafox y Mendoza mandó poner en su sepulcro un epitafio honorífico y, por prodigio de mujeres, quiso llevar sus huesos a la ciudad de la Puebla de los Ángeles, cuya vasta diócesis regía el gran prelado con inigualada prudencia.

Los tres vestidos

Esta casa está en la tranquila calle del Arco. La casa está sumergida siempre en una profunda y deliciosa paz. Entre el silencio que la envuelve salta a menudo la risa de un niño como un claro gorjeo. En una estancia pequeña, de paredes encaladas, una señora cose unas ropas al lado de una ventana enrejada y con vidrios verdosos. Es un traje de niño el que tiene entre las manos, manos blancas, leves, finas, esta señora; le pone al jubóncillo de terciopelo nácar brillantes trencillas de plata. En una arquimesa un caballero escribe sobre unos papeles, con blanca pluma de ganso, números y más números, ennegrece el papel con tanto guarismo. Este caballero es familiar del Santo Oficio de la Inquisición; sobre su ropilla luce la cruz verde. Se llama don Alonso de las Casas este buen caballero y en esos papeles pone la cuenta y razón de unas haciendas que pertenecen al convento de Nuestro Padre San Francisco. La dama que cose es su esposa; su nombre es doña Antonia Martínez. Este matrimonio lleva una vida quieta y feliz en esta casa vieja. Todo mansedumbre y dulzura es su espíritu. En la habitación en que ahora están pasan largas horas del día estos excelentes señores; él, metido en sus papeles; ella, al lado de la ventana, haciendo labor y viendo, de tiempo en tiempo, a su marido, con sus ojos negros, anchos, llenos de ternura. Él también, de cuando en cuando, alza de sus papeles la cabeza y ve a su esposa con miradas mansas y amorosas, y la sonrisa de ella y la sonrisa de él se encuentran gozosas en aquel dulce ambiente de paz.

Doña Antonia acaba de poner las trencillas de plata en el

juboncillo y ya le va a prender los botones de alquimia cuando un niño entra corriendo en la habitación. Hijo es el niño de estos señores apacibles, de alma serena y bondadosa. Cinco primaveras, a lo más, habrá visto este chiquillo. Tiene los ojos negros, y negro y brillante el pelo; en su cara, morena, hay una suavidad sonrosada de piñón y siempre se la enciende un gozo contenido. La risa del niño llena el silencio de la tranquila estancia. La madre deja su costura, sus papeles deja el padre, y ambos envuelven al hijo en largas miradas, suaves, cariñosas. El niño, tintineando su risa fresca como leve campanita de cristal; corre a meterse entre los brazos de doña Antonia. Doña Antonia, con voz tierna, con inflexiones que sólo hace dulces la voz de una madre, le dice:

—Felipe, hijo mío, hijito, carnecita de mi carne... ¡Jesús, pero si ya rompiste el alférez que te compré ayer en el Portal! Mira, Felipito, el traje lindo que te vas a poner el día de San Hipólito; mira, toca, así, así... Es seda, qué suavecita...

Don Alonso se detiene en medio de la estancia, sonríe viendo al niño. De pronto se queda absorto, suspenso. ¿Qué será este niño? ¿Qué será dentro de treinta, de cuarenta años? ¿Qué le guardará el destino, qué dolores le traerá, qué alegrías, qué angustias? Un niño, dice un gran maestro, siempre es una realidad, realidad sagrada, la realidad de la inocencia. La inocencia es el estado humano más alto. Los santos son como niños. Pero sobre la realidad presente está en los niños —doble motivo de veneración— la posible realidad futura. Puede haber una gran fuerza latente en el niño. ¿Qué fuerza será ésta? ¿La del inventor? ¿La del político? ¿La del poeta? En los ojos de don Alonso hay una profunda y grave melancolía. Yo no veré ya lo que será este niño. La muerte, la eternidad, me separará de su lado. ¿Qué le guardará la vida, qué cosas gratas, qué dolores? Don Alonso vuelve a su sillón de vaqueta; se pone a tajar lentamente sus blancas plumas de ganso oyendo el parloteo cristalino, armonioso, del niño.

* * *

Han pasado los años. Es la misma estancia de paredes enlucidas de blanco. Sobre la cal nítida resaltan vivamente los colores de los cuadros religiosos. Doña Antonia Martínez está al lado de la ventana de vidrios recios, verdosos, de pequeños recuadros; tiene sobre su regazo un jubón azul de terciopelo prensado. El jubón está lleno de sangre; tiene una gran desgarradura en el sitio que toca al corazón. Las manos de doña Antonia, leves manos de marfil, cubren los ojos con un pañuelo de randas; de la boca pálida, de labios caídos, salen sollozos. El caballero don Alonso de las Casas no se halla en la arquimesa llenando de números sus papeles. Don Alonso, con la barba tocando el pecho, inclinada la cabeza, sombrío, da vueltas por la estancia con las manos cruzadas por la espalda. Doña Antonia junta sus brazos sobre el pecho; su rostro, acongojado, está lleno de lágrimas y es todo palidez. Con voz cargada de dolor dice, viendo a su marido con ansia dolorosa:

—¿Alonso, dime, sanará Felipe? Yo vi la herida, es ancha, es profunda. ¡Ay, tengo fe en Dios! ¿Pero por qué no quiere el médico que entremos a verlo mientras que con sus ayudantes lo curan? ¿Crees, Alonso, que sane Felipe?

—Sanará, Antonia, yo creo que sanará; pero si ha de seguir en esa vida depravada, de disolución y escándalo, con la que no hace sino ofender a Dios, más vale que muera. Una vida así, ¿para qué sirve?

—Ya verás, Alonso, cómo Felipe va a llevar, si se alivia, otra vida por rectos caminos de virtud. Yo le he prometido al Señor que si me lo pone en salud ha de entrar en el convento de Santa Bárbara, en Puebla, en donde tomará hábito. Ya verás cómo Felipe va a dejar sus vicios, va a ser otro; se lo he pedido tanto a la Virgen...

Doña Antonia inclina la cabeza llena de angustia sobre el jubón ensangrentado; las lágrimas vuelven a correr mansas, lentas, por su cara pálida; pone sobre el jubón su mano delicada y lo acaricia. En aquel ambiente de ansiedad y de zozobra parecen eternos los minutos. Don Alonso continúa cabizbajo, ensimismado, dando vueltas por la estancia. De pronto se detiene ante la Virgen, una Virgen de madera colorida que está en un nicho de cristal, sobre un bufete, toda llena de flores y entre dos velas encendidas; pone don Alonso el fervor de una larga mirada en el rostro delicado y ve su sonrisa de bondad, de inefable y suave bondad. Doña Antonia sigue llorando sin consuelo.

* * *

Han pasado más años. En una habitación encalada, con lienzos devotos y junto a la ventana de viejo montante con rejas de forja y con vidrios recios en pequeños cuadros de madera negra, se halla doña Antonia Martínez sentada en una silla baja. Doña Antonia vive ahora en una vieja casa, esquina de San Francisco y callejón de Santa Clara.

Doña Antonia está vestida de negro; sus cabellos son ya blancos; su cara fina, exangüe, está llena de hondas, de innumerables arrugas, pero hay en ella una dulce serenidad que muestra el sosiego de su alma. Sus manos, blancas, arrugaditas, casi translúcidas, un tanto temblorosas, están cosiendo una tuniquilla franciscana. Por lo pequeña que es la tuniquilla debe de ser para alguna imagen de cuando más de dos palmos y medio. Ya tiene terminados y delicadamente extendidos sobre el regazo el diminuto hábito, con su puntiaguda capucha y su gorja, la amplia capa, la cuerda blanca para la cintura. Primorosa minuciosidad ha puesto doña Antonia en esta labor. Ahora sus manos, hábiles, confeccionan unas sandalias con gamuza adobada en ámbar. En la estancia hay un apacible sosiego y un entrañable olor de rosas frescas. Los muebles crujen en el silencio de vez en cuando y ponen en el aire el perfume sutil de sus maderas viejas. Las vírgenes y santos ven desde sus cuadros a doña Antonia afanada en su labor. De tiempo en tiempo deja en sosiego las manos y mira con intensa ternura la tuniquilla franciscana, extiende por ella el amor de su mirada y luego le pone encima, con tierna suavidad de caricia, su mano blanca, leve; sonríe delicadamente y con la otra mano se aprieta el corazón, y entrecerrando los ojos vuelve a sonreír y en sus pestañas tiembla una lágrima.

Don Alonso de las Casas, marido de doña Antonia, ya no está con su cruz verde sobre el pecho, cruz de familiar del Santo Oficio de la Inquisición, llenando de números y números sus papeles con la pluma de ave, que iba y venía, diligente, de los blancos folios al tintero de loza, llevada por su mano noble. Ya don Alonso de las Casas entró hace años en la eternidad. Duerme su último sueño en el atrio de San Agustín, esperando allí la resurrección de la carne. La lustrosa arquimesa en la que él trabajaba hállase ahora cubierta con un bordado paramento de terciopelo carmesí.

Ya doña Antonia ha terminado las sandalias. Con la cabeza inclinada sobre el hombro en actitud de suave mansedumbre y con los brazos cruzados en el regazo, se ha quedado pensativa, como en deliquio, absorta en una visión interior. De pronto se oye una tosecilla, una tosecilla leve, con la que anuncia su presencia un sacerdote. Este sacerdote que ahora ha entrado en la estancia con pasos menuditos, silenciosos, es un viejecito de limpia sotana, muy bien entallada; bajo de ella lucen brillantes las chinelas de cordobán de lustre con hebillas doradas. Su cara escuálida, de marfil antiguo, está llena de luminosa idealidad. Este sonriente, afable y pulcro sacerdote, de ojos niños, es el padre jesuita Pedro Gutiérrez, maestro del colegio Máximo de San Pedro y San Pablo.

—Buenas tardes, doña Antonia.

—Buenas tardes —contesta doña Antonia, saliendo de sus pensamientos, y al reparar en el visitante añade con viva alegría—: ¡Ah, pero si es usted, padre Gutiérrez! ¿Qué bueno por aquí?

—Yo estoy muy contento, pero muy contento, casi tan contento como usted, doña Antonia. Felipe fue su hijo, pero Felipe fue también mi discípulo. El Señor lo ha reservado para cosas grandes.

—Padre Gutiérrez, yo soy feliz, muy feliz. No sé cómo decir toda la santa alegría de mi alma. ¡Ay, si viviera mi marido Alonso! Pero no hay dicha completa en el mundo, no la hay. ¡Válgame Dios!

—Yo estoy que llevo un paraíso portátil en el pecho. Parece que se me arranca el corazón de su lugar con este soberano contento. ¡Asistir usted, doña Antonia, a la beatificación de su hijo; asistir yo a la de mi discípulo! ¡Qué gracia enorme nos ha concedido Dios, Nuestro Señor! ¡Alabado sea su santo nombre! Ha sacado usted gloria de su padecer, doña Antonia. Ha ido a la alegría por el camino del dolor.

—¡Qué gran premio, qué gran premio me ha dado Dios por mis sufrimientos! Sí, he sacado gloria de mi padecer, como usted dice, padre Gutiérrez.

—Ya vi en la Catedral los suntuosos preparativos para la gran fiesta de mañana. Usted, doña Antonia, irá bajo palio entre el señor virrey y el señor arzobispo, detrás de las andas de plata, costeadas por el gremio de plateros, en las que estará la imagen de su hijo Felipe. Por cierto que es delicada y graciosa esa escultura. Usted la va a vestir, y ya veo, ya, en su regazo, los hábitos primorosos que le ha hecho. Cuando se la traigan la dejaré a usted solita para que se entregue a su íntimo e inefable placer de vestirla y al goce callado de sus lágrimas, santas lágrimas.

—Esta será mi última labor, padre Gutiérrez. La vida se me irá con esta alegría en un suave transporte. Yo le hice a mi hijo, ¡carne mía viva!, antes de que él viniera al mundo, el primer vestido que se puso, y temblaba mi espíritu de gozo al estarlo cosiendo, y ahora que labré éste, ahora que está Felipe a la diestra de Dios, en cada puntada he ido poniendo mi alma trémula. No hay alegría como la de una madre cuando un hijo alcanza un bien. ¡Qué saben los hijos de estas santas alegrías de sus padres! ¡Mi Felipe en los altares!...

—El beato Felipe de Jesús, doña Antonia. Él nos ayudará a alcanzar de Dios el perdón de nuestras culpas; él ayudará a que se nos abran las puertas del Paraíso. ¡Felipe de Jesús, ruega por nosotros!

—La vida es una cosita de nada, padre Gutiérrez; yo desearía que...

Una negra esclava entra rápida en la habitación, anhelante, con los brazos abiertos, e interrumpe a doña Antonia:

—Señora, señora, vaya pronto a la sala; ya pasé a ella a unos señores canónigos de la Catedral; le traen a su merced la imagen de Felipillo. Ya la vi y la besé. ¡Qué linda está! ¡Felipillo, santo!

El padre Gutiérrez sale lentamente de la habitación, se oye el ruido levísimo de sus pasos queditos. Doña Antonia se reduce más en su silleta baja, se dobla sobre sí, se cubre la cara con las manos —¡tan bellas manos que fueron!— y se pone a llorar. Entra por la ventana el canto alborozado de un pájaro.

Lo inútil de un engaño

Con gran boato se presentó en México doña Ángela Vera y Meza. Traía esta hermosa señora largo cortejo de criados y bucelarios, regidos por un tieso y grave maestresala. No se le apartaban elegantes y pulidas damas de compañía; una dueña rezadora, de monjil, y un gordo rodrigón la seguían adondequiera que iba, severos y repompeados, atentos siempre a sus órdenes, adivinándole sus menores pensamientos.

No vestía doña Ángela más que de capicholas, de tiesos buratos, de sirgos, de pitiflores, de tisúes, de gorgoranes, siempre con guarniciones de asientos de oro o con ancho galón o con bordados de aljófar grueso, por el que tenía preferencias; por las aberturas con trencillas de metal o con encajes de sus vestidos, ostentosos siempre, se descubrían ricos limistes, gámbalos, sutiles cendales. Ámbar y algalia emanaban delicadamente toda ella. Innumerables joyas eran las que traía de continuo sobre sí cintilándole sobre los tenues rameados de sus vestidos o ya en la blancura de sus carnes mórbidas, nubladas por la leve transparencia del manto de humo o de gloria.

Apenas llegó a México doña Ángela Vera y Meza puso coche lleno de dorados y de cristales, con blando forro de velludos y de damasco carmesí, y entre él, con sus plumas y sus perlas y sus encajes, sus joyas y sus brocados refulgentes, parecía que iba en un trono dispensando gracias. Los caballos cómo que sabían que llevaban a aquella linajuda y prócer señora, pues trotaban gallardos, braceadores y cabeceando con gracia hacían sonar los metales cincelados que adornaban por dondequiera las charoladas guarniciones que los regían.

Visitó al virrey marqués de Mancera y le llevó un gran presente; a la señora virreina, doña Leonor Carreto, le entregó en una cajuela de nácar recubierta de filigrana de oro, un collar de perlas de seis vueltas. Fue a ver al Ilustrísimo Señor arzobispo don fray Marcos Ramírez de Prado y puso en sus manos un obsequio de marfiles espléndidos y de plata labrada; vio a los de la Audiencia, y a cada señor le dio una joya, telas ricas, chapadas, para trajes de sus esposas. Agasajó a los gentileshombres más adictos a la persona del Virrey, a los caballeros que eran de su amistad, a las damas de la Virreina, a los secretarios del Arzobispo; muchos canónigos conocieron la esplendidez fastuosa de sus dones. Iba a todas estas visitas en su refulgente carruaje, y los transeúntes se detenían a mirarla tan esplendorosa, dando mil resplandores y vislumbres, y hasta se descubrían, creyendo que era una parienta inmediata de los señores reyes de España, y que, con su largo cortejo de damas y bucelarios, venía a las Indias al desempeño de una misión secreta.

A los pocos días de repartir estos regalos preciosos fue a Palacio a ver al virrey Mancera, elegantísima, echando rayos de hermosura, y rodeada de sus damas ataviadas también con lujo deslumbrante; luego fue con el Arzobispo llorando a mares. Les refirió que su marido, don Fernando de Armíndez, que era alcalde de Guadiana, estaba en la cárcel, preso bajo tres llaves, porque le achacaban, ¡qué horror!, un cierto robo de plata, y les pedía que usaran ellos de su clemencia perdonándolo, que salieran de los términos de la justicia en favor de la misericordia.

El Virrey, el Arzobispo y los oidores, a quienes también fue a ver con su deslumbrante acompañamiento de señoras llenas de sedas, le manifestaron que ignoraban del todo lo de la prisión de su esposo; que pedirían informes amplios para resolver después lo conducente, apegándose a la ley. Doña Ángela les replicó con dulzura que no deseaba que hicieran eso, pues no era necesario, sino que como su esposo era inocente, ella lo fiaba, que despachasen en el acto una orden mandando su libertad para que se le repusiera en su empleo, enviándole, además, una satisfacción amplia para escarmiento de los malos jueces que lo condenaron tan infamemente, sin respeto a su persona, y que se apresuraran a dar ese mandato, porque si no, lo iban a sentenciar en contra de su inocencia. El oidor decano se concretó a contestarle a doña Ángela con la fórmula empleada por Felipe II: "Mirarse ha con ello y hacerse ha según razón".

No se dieron las órdenes que con tanta insistencia pedía doña Ángela, sino que despacharon propios a pedir informes y volvieron pronto con ellos. Dijeron que don Fernando de Armíndez, valiéndose indignamente de su puesto, había substraído gran cantidad de barras de plata por una ventana de la bodega en que estaban guardadas con numerosas lobas, fallebas, trancas y colanillas y cerrojos, seguridades que a su maña no le sirvieron para nada; que esas barras pertenecían a las Cajas Reales, y como este delito se había comprobado bien, sin dejar la menor duda, lo depusieron de su cargo, lo encarcelaron, y que luego él, a mayor abundamiento, confesó plenamente su robo, y que apenas había hecho esta confesión salió para México su esposa, doña Ángela, con el acompañamiento que le era habitual, para comprar influencias, y con cohechos detener la justa sentencia que temía, con razón, cayera sobre su marido.

Que con esos fabulosos hurtos sostenían el boato de su vida, llena constantemente de fiestas, saraos, paseos. Los emolumentos que tenía el señor De Armíndez no eran suficientes a cubrir sus dispendios, pero ni aun tesoros fuesen bastantes para la imprudente prodigalidad que llevaban en su vida él y su esposa, repartiendo siempre, manirrotos y liberales, costosos regalos, ya, sin duda, con el premeditado fin de que al interés se inclinara la vara de la justicia cuando ellos lo necesitaren. Todas las voluntades las querían sobornar con presentes. Anhelaban ablandar las piedras con sus dádivas. Pródigamente arrojaban el dinero, sin cuenta ni medida, porque no les costaba ningún trabajo el conseguirlo; si su sudor les hubiese costado, de fijo siete o más nudos le habrían echado y aun lo pusieran a muchos estados bajo tierra; por eso era que estaban tan habituados a la perdición y disipación de gastos excesivos. De lo que poco cuesta, gran recaudo.

Que ya preso don Fernando, su hábil esposa untó bien con dineros la péndola de los escribanos y hasta a los cerceleros con oro y plata les sació la sed; que doña Ángela dijo que juraba y rejuraba que ya en México, con su oro y sus mil argucias tenía que salvar a su marido, y que hasta encarcelaría a los jueces que lo deshonraron, pero que se sentenció a don Fernando, para que sirviese de escarmiento, aviso y enseñanza a funcionarios ladrones y trapaceros, a ser ahorcado públicamente, cortándosele después la cabeza y una mano para clavarlas, respectivamente en la Plaza Mayor y encima de la ventana por donde extrajo las abundantes barras.

Ante estos contundentes informes, ya doña Ángela no pudo negar nada y confesó, entre lágrimas, primero al Virrey, después al Arzobispo, que era verdad cuanto les habían comunicado de Guadiana, y que por cartas ya estaba ella al tanto de la terrible sentencia que había sobre su pobre marido, y que, por lo mismo, fue a hacer ante ellos aquella treta falsa para ver si podía libertarlo, cosa ilícita, fingiéndoles contento cuando llevaba en el alma un verdadero infierno, viéndose, además, afligida por su propia conciencia y sufriendo sin morir la dura muerte; que por todo esto era más digna de lástima que de castigo, por haberlos querido encantar con su reclamo, y pedía, acongojada y llorosa, que no lo tuviesen a mal, pues haría siempre todo lo bueno y todo lo malo del mundo por su marido, y por el que les rogaba que con su mano poderosa lo sacaran ya del grave peligro en que estaba de morir ignominiosamente, que deseaba que quedase libre cuanto antes y con la vida, y después de restituir hasta la última blanca de lo robado, saldrían los dos de la Nueva España para nunca más volver.

Ya iban a pedir nuevos informes el Virrey y la Audiencia sobre el estado del proceso de don Fernando, pues con su pena los conmovía doña Ángela, cuando a la pobre señora le llegaron rápidas y tremendas noticias, que las malas siempre caminan a gran prisa y hasta se cuelan por los más estrechos resquicios. Esas terribles nuevas venían en la carta que le trajo un cosario, escrita por uno de los valedores que en Guadiana tenía; le manifestaba que a su marido —Dios le perdonara— no se le pudo quitar el fallo de la sentencia capital que le echaron, pero, ¡oh, espanto!, como no había verdugo, fue muerto apeloteado, tremendo acabar, y que en seguida se cumplió inexorablemente todo aquello a lo que se le condenó.

Después de leer esta misiva le sobrevino a doña Ángela un desmayo, que dio con ella en tierra. Salió de él sin una lágrima, con un gesto de ansiedad dolorosa; luego se quedó como atónita. Ya no volvió a hablar, ni jamás levantó la cabeza del suelo. Sus luminosos ojos negros nadie los volvió a ver; los tenía de continuo clavados en el pavimento. No soltaba nunca de las manos un crucifijo de cobre, al que veía y veía largamente.

Una tarde, una de sus damas, que en el fresco y vasto corredor de la casa le estaba leyendo un libro de consolación para confortarle el espíritu, oyó el golpe de la santa imagen que había caído al suelo, fue a alzarla y vio, con gran consternación, que doña Ángela tenía doblada la cabeza sobre el hombro y que ya se le iba atenuando el aliento poco a poco hasta rompérsele aquellas débiles fuerzas en que estaba asida el alma. Le había llegado a doña Ángela su hora de partir de esta vida a la eterna y satisfizo muy en silencio, vestida como siempre, con su traje de fulgurante tisú, la común deuda que pagan todos los vivientes a la muerte.

El tapado

Gran zozobra y temor llenó a los oidores; los del Ayuntamiento temblaron; los oficiales reales andaban cargados de mil miedos; el virrey conde de Paredes, estaba lleno de inquietudes. Llegó a Veracruz un visitador, y un visitador era hombre temible; nada, ni nadie, se le ponía delante; no había respeto que lo contuviera; todo lo pesquisaba sin tropezar en estorbos; escudriñaba hasta en los más ocultos secretos; revolvía en lo más escondido, y con su informe venían destituciones, encarcelamientos y castigos terribles. Por eso, cuando llegaba un visitador a la Nueva España, todos los del gobierno andaban perdidos de ánimos; los tenía postrados la desconfianza, escondidos el miedo.

En cambio, en el pueblo había un exaltado y silencioso regocijo, un satisfecho frotar de manos, pues se ansiaba que escudriñaran con rigor todas sus acciones a los que gobernaban, y no se tenía más deseo que verlos cargados de justos castigos para que no se quedasen impunes sus malas obras. Todo México esperaba con anhelo al visitador don Antonio de Benavides, marqués de San Vicente, mariscal de campo y castellano de Acapulco, para que abriera, cuanto antes, los juicios de residencia.

El virrey, los oidores, los Tribunales, el Ayuntamiento, los oficiales reales, preparaban grandes, magníficos festejos para recibir al marqués de San Vicente. En los pueblos por los que iba pasando lo llenaban de regalos espléndidos. El que regala, bien vende, si el que recibe lo entiende. No había uno que tuviera mando que no quisiera atraérselo pronto a su voluntad y suavizarle el rigor. Pero, de repente, se suspendieron los numerosos preparativos de las fiestas. Los graves señores de la Real Audiencia se reunieron, cabildearon muy en secreto horas y más horas, y cuando en la ciudad se creía que iba a ser la entrada suntuosa del Visitador, se supo, con gran tristeza, que en Puebla había sido aprehendido. ¿Por qué lo aprehendieron, si un visitador era inviolable y sagrado, representaba la persona misma del rey y venía con omnímodas facultades? Poner mano en él era grave delito de lesa majestad.

Nadie sabía la causa de tan repentina prisión, y eso era lo que desesperaba a todos. El pueblo, siempre fantasista, recamaba el suceso, afirmando que el Virrey y los oidores querían levantarse con el gobierno de la Nueva España y que, por ese motivo, habían apresado al Visitador. Aquella suntuosidad y pompa esplendorosa que, según eran los preparativos, iba a tener en México la entrada del marqués de San Vicente, no fue sino la vulgar conducción de un preso. Se supo bien la noche en que iba a llegar, y toda la ciudad, casi en masa, llena de afán ansioso, corrió a aglomerarse a las calles del Reloj para ver, para conocer al personaje que tanto temor había infundido en las altaneras autoridades de la Colonia. Pero después de larga, de impaciente espera, sólo se vio pasar a un hombre que cabalgaba en una mula, impenetrablemente envuelto en una capa y rodeado de un tropel de alguaciles. Entonces, a don Antonio de Benavides, marqués de San Vicente, se le dio el nombre de el Tapado, y sólo así, ya con ese alias, se le llamaba en todo México.

Se echó a don Antonio de Benavides en un calabozo de la Cárcel de Corte, húmedo, negro, y, desde luego, la Sala del Crimen se avocó su proceso; pero el extraño don Antonio de Benavides se encerró en un obstinado silencio; si por acaso llegaba a contestar, sus palabras eran sólo sutiles ironías, o ponía en ellas un altivo desprecio a cuanto le preguntaban los oidores. Pasmaba su serenidad, su gallardo desdén. De mil medios se valían a diario Sus Señorías para que dijera quién era, cuáles sus antecedentes, qué misión traía a la Nueva España; pero el marqués de San Vicente se quedaba callado, hermético, apenas sonreía, no soltaba una sola palabra que revelara quién era y a lo que vino a estas tierras. Jamás dijo el secreto que le importaba ocultar; lo sepultó en sí para siempre, como en pozo airón.

* * *

Se desesperaban los oidores por no conseguir sus deseos; no les valían súplicas, promesas ni grandes amenazas; el Tapado seguía impasible, sonriendo, o, cuando más, les decía, con palabra segura y reposada, burlas delicadas, llenas de gracia elegante y discreta, como si estuviera en un estrado ante damas; pero para lo que deseaban saber Sus Señorías, el raro Visitador tenía siempre cerrados los labios. Rogaron al Virrey, con encarecidas súplicas, que lo interrogara, y el virrey, don Tomás Antonio de la Cerda y Aragón, marqués de la Laguna y conde de Paredes, bajó una mañana al negro calabozo del Tapado.

En el sombrío pasillo que daba a esa mazmorra se quedaron esperando a Su Excelencia los gentileshombres y demás caballeros de su acompañamiento. Con ansiosa curiosidad aguardaban todos el fin de la entrevista, pues el Virrey, era afable, prudente, lleno de dulces insinuaciones, y de seguro que con su cariñosa habilidad sabría arrancar fácilmente la deseada confesión al impenetrable don Antonio de Benavides. Pero pasaban, lentas, horas y más horas, y todos desesperaban; algunos hasta se atrevieron a poner el oído en el ojo de la llave a ver qué les llegaba, y sólo percibían un murmullo confuso, acelerado algunas veces, del que apenas si sobresalía neta una que otra palabra.

Cuatro horas, cinco horas transcurrieron, y al fin salió el conde de Paredes del húmedo calabozo. Todas los ojos se fueron hacia él, ávidos, indagadores, cargados de preguntas ansiosas. Su Excelencia estaba pálido, sombrío, muy cerrado de entrecejo, y se limpiaba el copioso sudor que le bañaba la frente. Sin decir palabra se fue, con paso rápido, a sus habitaciones. Cruzó los pasillos lóbregos, estrechos de la cárcel, los corredores y salas de Palacio, sin contestar siquiera los rendidos saludos que le dirigían. Se encerró en su alcoba, dando un violento portazo, y no salió de ella sino hasta el día siguiente.

Su ayuda de cámara y unos pajes contaron que toda la noche se la había pasado Su Excelencia dando vueltas y vueltas inquietas por la estancia; que después de andar mucho, caía, profundamente abatido, en un sillón, y largo rato estaba con la cabeza entre las manos y sólo la levantaba de tiempo en tiempo, y entonces se le veían ojos de pena; sacudíala como para quitarse de encima un pensamiento tenaz que lo abrumaba, y volvía de nuevo a recorrer la estancia, llevando siempre un hondo pliegue de cavilación en la frente. ¿Qué le dijo el Tapado al Virrey? ¿Qué secreto terrible le reveló a Su Excelencia? Sólo Dios lo sabe, sólo Dios, nadie más. El Virrey depositó en lo más escondido del silencio aquel secreto. Más ardía la curiosidad en Palacio.

Los oidores dieron tormento, muy largo tormento, al Tapado: el potro, la garrucha, el agua, y nada, no se le oyó jamás queja de su boca. Lo descoyuntaron, sanó un poco, y tornó a embravecerse la crueldad de los oidores, volviéndolo al suplicio, y él, con entereza, lo soportaba todo, sin decir siquiera un sí o un no. Siempre guardó cerrados los labios. El tormento era cada vez más rudo y atroz, llevándolo hasta la misma agonía; pero aun así, callaba obstinado; sólo una que otra queja le llegó a brotar, dolorosa, de lo hondo del pecho.

Una mañana, al entrarle el carcelero aquella triste miseria que llamaba desayuno, pues de algún modo se le había de llamar, y creyendo que aun estaba dormido, se acercó a las tristes pajas en que yacía, y, horrorizado, empezó a gritar y a pedir socorro con frenesí al ver que el prisionero estaba tomando la muerte con sus propias manos. Tenía enredado al cuello un rojo pañuelo de hierbas o paliacate como se dice en México, con el que se había hecho un apretado nudo; con desesperación tiraba de sus puntas, y ya le borbotaba el ronco estertor de la agonía. Acudieron veloces otros carceleros y ayudantes de la prisión; con esfuerzo lograron quitarle de las crispadas manos el pañuelo y luego deshicieron el nudo ciego que se le ceñía a la garganta, ahogándolo. Lo hicieron oler vinagres, le echaron agua fría por la cara y lo obligaron a tragar, hechas bolitas, unas hojas de papel que tenían impresas oraciones muy eficaces.

Volvió en sí el Visitador y, con voz desfallecida, apenas pudo decir:

—¡Que Dios les perdone el mal que me han hecho con volverme a la vida!

Y tornó a entrar en su impenetrable silencio; enmudeció como si estuviera difunto. El desgraciado marqués de San Vicente había preferido morir a soportar por más tiempo los largos tormentos que le daban los señores de la Sala del Crimen, sutilizando y refinando cada vez más la crueldad. No había día en que no le retorcieran los miembros, en que no le metieran largas agujas entre las uñas de las manos y de los pies, o en que no lo colgaran o le hiciesen tragar jarros y más jarros de agua, hasta hincharle el vientre de modo horrible; pero nada de esto lo hacía salir de su hosco mutismo. Se dejaba hacer arroyos de sangre, pero no se dejaba vencer del sufrimiento. Era de voluntad de mártir y cansaba a los verdugos.

Temerosos los oidores de que otra vez tuviera mejor suerte en su suicidio, y para obligarlo en definitiva a confesar, decidieron ponerlo en mayores y más rigurosas pruebas de tormento, y así como lo pensaron lo ejecutaron; y fueron tales, tan horrendas y teñidas de tanta sangre, que por poco no le quitan la vida; pero todas las soportó con impávida fortaleza; parecía no poder pasar adelante con tanta congoja, y, sin embargo, los espantosos, cruentos dolores por los que atravesaba no lograron sacarle una sola palabra de las que se deseaba que dijese. Los justicias no le vieron sino enmudecida la lengua a sus preguntas y repreguntas. Parecía tener la boca cosida a dos cabos.

Salió con vida el marqués de San Vicente de aquellas largas torturas, pero con una vida tan débil, tan escasa, que se le apagaba por instantes, metiéndolo en la sombra. Ya pisaba los fríos umbrales de la muerte el pobre Visitador. En un desfallecimiento perenne se le iba yendo el alma. Con voz apagada, doliente y trémula, pidió un sacerdote. Quedó con una perenne tristeza, agonizante por los crueles martirios a que lo había sujetado constantemente la Sala del Crimen, sin haber conseguido arrancarle ni una partícula a su secreto, que tenía bien escondido en la última estancia del alma.

* * *

El Virrey hacía tiempo que había sepultado en olvido profundo al marqués de San Vicente; puso en perpetuo silencio la memoria y ya no hablaba jamás de él, cuando antes sólo lo tenía en el pico de la lengua y lo sacaba en todas sus pláticas. Si alguno decía en su presencia algo de don Antonio Benavides, el conde de Paredes torcía la conversación con hábil gracia por otro rumbo, o bien, con una dura mirada de omnipotencia, imponía inmediato silencio. Su Excelencia sólo se ocupaba, lleno de contento, en los suntuosos preparativos para los festejos del bautizo de un hijo que hacía unos cuantos días le había nacido.

A este célebre bautizo asistieron la Real Audiencia, el Ayuntamiento, los Tribunales, todas las comunidades y la nobleza con más esplendor que nunca. El fastuoso y bizarro conde de Santiago de Calimaya anduvo en el brillante desfile de maestre de campo, con ceñido traje de gorgorán bordado de oro, que de lejos parecía una armadura damasquinada. La tropa hizo salvas generales y también desfiló detrás de la silla de manos. Esa silla de manos, forrada de catalufas y brocados de flores, embutida toda de nácar y marfil y con pinturas exquisitas llenas de suave gracia, esa silla de manos la conducían lacayos con libreas ostentosas, pesadas de bordados, y en ella iba, con el hijo de los virreyes, la encumbrada doña Fortunata Mancilla.

El niño fue bautizado en la pila en que dizque recibió ese sacramento San Felipe de Jesús, y ofició, como no podía ser menos, el arzobispo Aguiar y Seijas, y el padrino fue el donado de San Francisco, fray Juan de la Concepción, que vino de España entre la extensa familia de Sus Excelencias. Por la noche hubo fuegos artificiales, girándulas y castillos en la Plaza Mayor, que resonó de voces y aclamaciones de alegría, y en Palacio celebróse un deslumbrante sarao lleno de músicas, a cuyo son se danzaron pavanas, altas y gallardas. Allí cenaron todos los señores de los Tribunales, los del Ayuntamiento y Audiencia. Fue una cena opulenta, con variedad esplendorosa de manjares y vinos. Sin beber y sin comer no hay placer. En la Real Casa no había sino un florido desbordamiento de gozo bajo la profusión de luces, que irisaban arañas, candelabros y cornucopias.

En tanto, en la sombra húmeda de un calabozo de la Cárcel de Corte, sita en el mismo palacio Virreinal, un pobre clérigo administraba la extremaunción al agonizante don Antonio de Benavides. El sacerdote rezaba sus preces llorosas al moribundo, que ya tenía los ojos vagos y en ellos estaba el inquieto temblor de una llamita, la del cirio de la buena muerte que ardía en un rincón, y le brotaba de los labios la persistente angustia de un quejido. Hasta el calabozo llegaba el regocijo de las músicas, el estallido de los petardos, el tintineo cristalino de muchas risas de mujer.

Mil pesos de manípulo entregó el Tapado al sacerdote; pero éste se negó a aceptarlos y más tarde dispuso el Virrey que se destinaran para un palio del Santísimo. ¿De dónde tomó aquel hombre misterioso esos mil pesos? ¿Quién, en aquella estrecha prisión, erizada de rigurosa vigilancia, pudo llevárselos? El extraño marqués de San Vicente acababa de llegar a estos reinos por primera vez, y no tenía en México ningunos bienes, ni amistad, ni conocimiento siquiera con persona de la ciudad. ¿Acaso él, cuando lo aprehendieron, los llevaba sobre sí? Pero si los llevaba, ¿cómo nadie se los notó entonces?

Dios no quiso que muriera el desdichado Visitador; poco a poco fue entrando en salud, y la Audiencia lo volvió a juzgar, sin dejar de martirizarlo con horrendos tormentos, que él resistía sereno, desafiando al dolor, pero sin confesar, en lo absoluto, lo más mínimo de la cosa por la que siempre lo estaban interrogando con tenacidad. No alzó nunca ni una punta del velo que cubría su vida.

Se puso en prisión a don Antonio de Benavides en mayo de 1683, y corría muy vencido julio del año siguiente y ya en la ciudad de México se le tenía en completo olvido; salió desde hacía mucho de todas las conversaciones. Pero, de súbito, todo el mundo volvió a hablar del Visitador con gran lástima, al saber que le habían echado el fallo de sentencia capital, y que hasta ya estaba en capilla para salir a cumplir la terrible pena a muerte infame.

Una noche pidió el Tapado que suspendiera sus piadosas oraciones el fraile que lo acompañaba, apacible y cordial, y le suplicó, con dulce imperio, que fuera a rogar al secretario del Virrey, don Pedro del Castillo, que viniera a verle pronto, cuanto antes, pues le quería hacer una importante revelación.

Se encerró el comedido secretario con el Tapado; ambos hablaron largo rato. Don Pedro del Castillo abandonó, trastabillando, la mazmorra, descolorido, casi sin aliento, con los ojos agrandados de asombro y como con un amortecimiento interior. ¿Qué cosa espantosa le reveló el Tapado? Nadie lo supo. Don Pedro cayó en cama, con una fiebre violenta; esa fiebre le acabó sus dichosos días; ella le acarreó el refrigerio eterno.

Llegó la mañana de la ejecución. En la Plaza Mayor estaba una enorme multitud en apretada confusión. Casi toda la ciudad se había congregado allí anhelante; en las azoteas se arracimaba un espeso gentío, y desbordaban, llenas de algarabía, las ventanas y balcones. Las calles vecinas hervían con una compacta muchedumbre que pugnaba, entre un rebullicio atronador, por llegar a la Plaza. Un vasto vocerío subía denso por el suave azul de la mañana.

En una mula engualdrapada de negro iba don Antonio de Benavides, sin sombrero, vestido de luto, con el pecho lleno de medallas y escapularios. Una palidez plomiza se untaba en su semblante. Iba erguido, indómito, solemne; los ojos veían una lejanía sin fondo; las manos delgadas, finas, de un transparente marfil, las ataba una cuerda negra, y entre ellas un crucifijo. A entrambos lados iban dos frailes; uno rezaba; el otro, con santas y dulces palabras, le infundía ánimos para morir. El pregonero —músico de culpas— precedía al reo, gritando en cada esquina que se le tenía puesta pena de la vida a don Antonio de Benavides por los crímenes que había cometido.

—¿Cuáles crímenes, cuáles? —se preguntaba la gente, pues nadie los sabía y, de seguro, ni los mismos tenebrosos oidores. Delante del estridente pregonero, unos encapuchados, con cirios encendidos, conducían al Santo Cristo de la Misericordia, que acompañaba siempre en sus últimos instantes a los condenados a muerte.

Llegó al cadalso el Visitador. Subió con paso firme, seguro, las gradas. El verdugo le puso el dogal en el cuello. La multitud atronó el aire con un unánime: "¡Jesús te acompañe!", que se extendió por toda la ciudad y salió rodando a extinguirse en el sosiego del campo. Don Antonio de Benavides, marqués de San Vicente, mariscal y castellano de Acapulco, se balanceaba en la horca con trágico vaivén.

Los frailes se encapucharon, se fueron con la cabeza baja y las manos entre las mangas del hábito. El Santo Cristo de la Misericordia volvió a la apartada casa de recogimiento en que se veneraba, más sombrío, como con más angustia en el rostro amarillo y ensangrentado. El verdugo y sus ayudantes, según era lo dispuesto por la sentencia, descolgaron el cadáver del Visitador, le cortaron la cabeza y las manos. Una mano debería de ser clavada en la horca; la otra, junto con la cabeza sanguinolenta y pálida con revuelta cabellera y gran barba crespa, se enviaría a la Puebla de los Ángeles, para que en su Plaza Mayor se pusieran pendientes de una escarpia.

Cuando por encima del consternado tumulto de la Plaza sonaban los golpes del verdugo, clavando en uno de los postes de la horca la mano del marqués de San Vicente, la luz se fue enlanguideciendo poco a poco, y tras una difusa y opalina vaguedad de crepúsculo, sobrevino una obscuridad grande con claras estrellas. Con aquel inesperado eclipse de sol la multitud se quedó atónita, toda estremecida de ancestrales temores, viendo en él un signo de fatalidad.

En silencio, cabizbajo, rezando o santiguándose, se fue todo aquel numeroso gentío a sus casas con el alma cargada de agüeros y terrores supersticiosos. Un silencio pavoroso llenó toda la ciudad. Nadie andaba por las calles; los caserones se erguían como más ceñudos e imponentes. Parecía México abandonada por una peste o una maldición. La Catedral dio las doce, y las graves campanadas cruzaron por encima del sobrecogido sosiego como doce ánimas en pena, invisibles y clamorosas.

El resucitado

Siempre hubo ladrones atrevidos por los caminos de la Nueva España, y muchas veces fue tanta su audacia, que daban dentro de las mismas ciudades, villas y lugares. La Santa Hermandad y el Real Tribunal de la Acordada no cesaban de perseguirlos y los que caían en sus manos era difícil que salieran con la vida. Los capitanes o los jueces de la temida Acordada, cuando iban a perseguir a un bandido o a una gavilla, llevaban a los comisarios respectivos, además de un escribano, de un capellán y del indispensable verdugo, y los precedía siempre un clarín y un estandarte, al uso de la antigua Hermandad de Toledo, cuyas mismas constituciones tenía esta Acordada de México. En donde era aprehendido el malhechor, allí mismo se le formaba sumaria, que nunca pasaba de una hoja de papel marquilla, ¿para qué más?, y se le ejecutaba en el acto colgándolo, casi siempre, de un árbol de los de la orilla del camino.

Jamás se había visto en México una partida de bandoleros tan intrépida que operara en las mismas haldefueras de la ciudad. Mucha gente que salía de paseo en sus volantas, en sus quitrines, en sus primaveras, en sus carzahanes, a Cuautitlán, a Atzcapotzalco, a San Agustín de las Cuevas y aun a las cercanas huertas de Tacuba, de San Cosme, del Peñón, o de Tacubaya, eran asaltadas y robadas; muchas veces hubo heridos y muchas, hasta muertos. Todos estaban aterrorizados en México. Fuera de la traza de la ciudad nadie quería ni asomarse, no digamos de noche, pero ni siquiera en pleno día. De día se iba con los pistoletes bien cargados y sólo en caso de necesidad y de suma urgencia, se salía de noche, y eso yendo bien rodeado de un escuadrón de criados, los más con linternas y todos ya con arcabuces, ya con mosquetes, o bien con pedreñales, o con espadas, o con partesanas y rodelas, y hasta con algún falconete; tal parecía que se iba a la fabulosa Quivira, a las Hibueras o a las lejanas islas de la Especiería.

Don Francisco de Peñalosa, gobernador y justicia mayor del Estado y Marquesado del Valle, llegaba a México de Cuernavaca, después de recoger los numerosos tributos anuales, y en un recodo del camino de Topilejo le salieron los ladrones echándole tiros; mataron a dos criadas de las que venían en la hamaca que colgaba debajo del forlón del camino; murió también en la refriega que se trabó, el cochero-guía que montaba en una de las mulas del tiro, y quedaron mal heridos los criados que iban de pie en la tablilla del coche. A don Francisco y a doña Brianda, su esposa, les robaron todo el numeroso dinero que recogieron de los tributos, y aun a ellos los dejaron atados a un árbol, muy ligeros de ropa, con la fresca indumentaria de nuestros primeros padres en el Paraíso. No tenían más vestido que el pelo y el cuero, *pelis et osa*.

A doña Malvina Unzueta, que, de papahigo y con su gran traje de raja con franjones de plata, regresaba a caballo de su hacienda de la Palmilla, la acometieron los bandidos poniendo en fuga a los criados que la escoltaban, con sólo haber matado a uno de ellos, y la despojaron, como era natural, del grueso collar de perlas que siempre portaba, de las sortijas que le llenaban de luces sus manos blancas y de sus largos y profusos pendientes de oro de lustre y diamantes sobre rizados favores de seda roja y, claro está que también se llevaron la mula que traía las apretadas talegas de pesos de una hipoteca que le habían levantado a doña Malvina.

A unos carreros que conducían una larga conducta, les arrebataron todas las mercancías y dieron muerte a un pobre estudiante pardal que iba en uno de los entoldados carros cantando jácaras con los labios húmedos de vino, ya de regreso a su pueblo, después de haber oído leer cánones en la

Universidad. Apareció muerto un desconocido a la orilla del camino que va a Coyoacán, camino lleno de sombra, de frescura y verdor, y se supo pronto que el difunto era un honrado mercader de libros de estampa, cristiano viejo de San Luis de Potosí, que traía cartas comendatorias para los señores canónigos del cabildo de la Metropolitana y un buen talego de onzas para el convento de las madres capuchinas, legado que dejó en su codicilo una pía señora potosina de quien era él, ejecutor testamentario; todo esto se decía en las cartas de creencia que se le hallaron en las alforjas.

La larga reata de mulas que cargaban desde las minas de Pachuca el quinto real también fue robada. Las mulas traían al cuello colleras con campanitas que venían, siempre en fiesta, regando por todo el campo su fresco tintineo; sus aparejos, muy piteados, los cubrían con largas gualdrapas de terciopelo o de damasco chafado o con reposteros de camino, bordadas todas ellas con las armas reales, o bien con aplicaciones de raso perfiladas de oro o de plata, y encima de las barras o de los tejos de metal precioso que cargaban, ondulaba una pequeña bandera de España y otra con el escudo real; al verlas, los viandantes se detenían en el acto y exclamaban con admiración y respeto: "¡Es la plata del rey!", y se descubrían reverentes, manteniéndose sin sombrero durante el paso del largo hatajo en el que iban cantando claras, festivas, las campanitas.

Todos estos asaltos, en menos de un mes, traían a la justicia indignada y revuelta. Andaba a monte, tras de esa gavilla de malhechores. A toda furia seguía su caza. La ciudad era sólo un consternado clamor, clamor de angustia y de ansia, pues nadie creía tener segura la vida. Se pedía favor al virrey, se le pedía a la Audiencia y a la Acordada para que desarraigaran a esa gente nefanda de los antes gratos y tranquilos contornos de la ciudad, envueltos siempre en una deliciosa paz, alegre y geórgica. Se hacían donativos a iglesias y a conventos, se rezaban las Cuarenta Horas, los Sábados Marianos, los Trece

Viernes y la devoción de las Tres Necesidades, se hacían novenas y trisagios a Vírgenes y a Cristos milagrosos, para que ahuyentaran con su dulce poder a esos terribles bandoleros que tenían a México henchido de miedo, de temblor y de lloro.

En un perenne sobresalto y estremecimiento estaba la ciudad. Todas las pláticas se terminaban, como con un sombrío colofón, con un relato pavoroso de esos ladrones bárbaros y crueles, relato medrosamente deformado, pues la fama hacía sus cosas más siniestras y mayores, con más sombra y más sangre, y en todos los rostros se reflejaba al punto un pasmo temeroso, se veía la gente una a otra sobrecogida y se quedaba callada, con el alma en estremecimiento y con un vago estupor en los ojos; se disolvía al momento la tertulia y se iban todos en silencio, presintiendo desgracias, entre el profundo reposo de las calles en sombra, recogidos en intimidad secular.

Por fin, tras larga y tenaz persecución, cayó en poder de la Justicia la pérfida cuadrilla de bandoleros. Todo el mundo se alborozó largamente al saberlo; ya iba a tornar el viejo y sedante sosiego de antaño, ya en la ciudad no habría más que paz deleitable que plácidamente sahumaría las almas entre su vaga y tibia tristeza. Pero fue mayor el azoro al saberse quién era el capitán de esos bandidos. Las manos, más temblorosas que nunca, trazaban repetidas cruces en los rostros pálidos, desencajados, o se apretaban consternados en consonancia con los ojos cargados de terror.

El capitán de esos sanguinarios bandidos era don Antonio de Souza, caballero del hábito de la Orden de Cristo, hijo del acaudalado don Sebastián de Souza y Ugalde, castellano que fue de la fortaleza de San Carlos en Acapulco, y a quien respetaba la ciudad entera, porque era gran limosnero, apacible, suave y blando con todos. Su alma no estaba abierta sino al bien y a la piedad, era muy caritativo y un verdadero humilde, que siempre se reputó y estimó en menos que ninguna otra criatura. Con risueña bondad, con festiva paciencia y con inalterable dulzura sobrellevaba las penas de la vida, y del dolor ajeno hacía propio dolor.

En cambio, su hijo, don Antonio de Souza, siempre fue alegre y derrochador. Era gallardo, de estatura prócer, de bigotes buídos a la cuerno, traía gran lujo de sedas, andaba siempre ungido de algalia, con la capa arrastrando y con dos herrerías enteras por guarniciones de la daga y espada. Era imperioso, malévolo y cruel, y no vivía sino entre gozos y pecados, comiendo y bebiendo con la hez y sentina de la república. Poseía don Antonio ampliamente todos los vicios, y a todos les daba rienda suelta con lozana alegría. No tuvo nunca más dueño que el mal y a él estaba abrazado de continuo, muriéndose de risa. Este hombre brutal, irreverente y libertino, derramado siempre en torpes amores, organizó esa partida de bandoleros de la que él era el fiero capitán.

Sus secuaces no eran pobres capeadores, ni raterillos, ni infelices germanes, sino que todos los que componían la cuadrilla eran hijos de casas principales, abolengas y nobles, metidos, como don Antonio, en el vivir excesivo de la bribia, y que habían aprendido de él, como quien dice, el *Christus* de la picaresca. Mozos con el alma embrutecida, hecha ya de lodo y piedra, que escandalizaban a todos con sus libertades. Gente toda depravada en quien la costumbre de pecar casi apagó la luz de la razón. Sus padres eran nobles, eran ricos, tenían la afectuosa estimación de todos, y ellos a todos afligían y herían con sus lenguas y escandalizaban con sus hechos. En la disolución y en la maldad apacentaban con gozo sus días, tirándole a Dios por la cara su misericordia.

Llevaron a esa cuadrilla de salteadores a la Cárcel de Corte. El padre de don Antonio de Souza estaba afligidísimo, con el alma llena de hieles y amarguras; no hacía más que llorar el desventurado viejo, viendo deshonrada su casa y mirándose él mismo con el sambenito de la afrenta. Él quería salvar a toda costa a su hijo; todo lo intentó, desesperado; a todos los medios lícitos e ilícitos recurrió su amor para ponerlo en libertad, y en ninguna parte encontró piedad para los crímenes de don Antonio. Hizo grandes regalos al virrey Laso de la Vega, conde de la Monclova; intentó cohechar a los carceleros, a los señores de la Sala del Crimen, a todos los ministros de la justicia les quiso untar las péndolas para que pusieran libre a su hijo, pero jamás lograba sus deseos en ninguna parte.

Reunió don Sebastián una partida de desalmados del sucio barrio de San Lázaro, para que fuera a Palacio, y el día y hora que les señaló, a pegar fuego a la Cárcel de Corte, y cuando estuviera ésta entre llamas y llena de pánico y alboroto, sacaran a don Antonio del calabozo; pero hubo denuncia jurada de esta trama y el alcalde de Corte, don Simón Ibáñez, seguido de numerosos alguaciles y corchetes, aprehendió en su negro tugurio a los comprometidos al incendio, los puso en chirona donde se hallaron en un sombrío calabozo con entrambos pies en un cepo y con las esposas en las manos. Con sólo la amenaza de tormento, pues ya sabían ellos lo que era el ansia del agua y las garruchas y el potro, confesaron que el señor de Souza y Ugalde les había dado dinero para que quemaran la cárcel y sacasen de ella libre a su hijo. A don Sebastián lo encarcelaron y se le instruyó proceso, y al fin lo sentenciaron con pena de destierro perpetuo a Guadalajara, junto con sus cómplices.

Pero esta hosca severidad fue aparente, porque el Virrey..., porque los oidores..., en fin, dádivas quebrantan peñas. Con ganzúa de oro cualquiera chapa se abre. Los de la Audiencia se mostraban intransigentes, hoscos, indignados, no usaban de un rastro de misericordia con don Antonio y proclamaban con terrible encono que lo iban a castigar con todo el rigor de su justicia por sus nefandos delitos. Se terminó su proceso y, midiendo la pena por la culpa, se le condenó a ser muerto en cadalso, degollándolo públicamente en la Plaza Mayor, para que sirviera su ejecución de buen ejemplo a todos los malhechores, ya fuesen plebeyos o de linajuda nobleza. Se señaló el día y hora en que se iba a ajusticiar a don Antonio de Souza, y hasta se empezó a armar el pavoroso tablado; pero de pronto corrieron voces por toda la ciudad asegurando que don Antonio había muerto en la cárcel; unos decían que allí se le ejecutó en secreto, dada su condición de noble, y otras aseguraban que había fallecido víctima de un violento tabardillo que en un solo día le arrebató la vida.

Pero ya hubiese sido su muerte de un modo o de otro, todo el mundo vio su cadáver, que sacaron en un humilde ataúd de pino de la Cárcel de Corte, y que lo llevaron en hombros cuatro enlutados cofrades de la Buena Muerte a la iglesia del convento de Santo Domingo, en donde lo pusieron en un pobre túmulo revestido con bayetas negras, polvosas, goteadas de cera, y entre cuatro cirios que untaban el inquieto amarillo de sus llamas en el rostro descarnado y céreo del difunto.

Un fraile le echó unos cuantos asperjes, se le rezó el gemebundo oficio de difuntos, con responsos que arrastraban desgarradora angustia en sus tonos graves, largos, secos, clamorosos, bajo la resonancia de las naves en sombra, pero el entierro se hizo a puerta cerrada y no asistió nadie. Que Dios perdonara a aquel hombre, decían las buenas gentes poniendo en sus rostros un gesto compungido.

Pero la muerte del atrabiliario caballero don Antonio de Souza, 23 de junio de 1687, "fue sólo supuesta, porque habiéndolo preparado, le dieron una bebida activa y dijeron ser tabardillo; con ese bebedizo se quedó inmóvil y desparramaron los oidores que andaban tan enojados y feroces con don Antonio que éste había muerto, y asimismo simularon con todos los detalles el entierro para librarlo de que lo degollaran en justicia por sus muchos delitos, y después de haberlo enterrado en Santo Domingo, remaneció vivo en España", y muchos caballeros de esta ciudad lo vieron en la villa y corte de Madrid con ricos vestidos recamados, derrochando dinero, junto con jácaros y daifas.

Las descotadas

Fray Antonio de Ezcaray estaba en la religión franciscana. Una humildad mayor que la de fray Antonio no la había. Su amor al prójimo, su caridad, eran casi inigualables. Se daba todo entero al amor de Cristo y por él sufría grandes, perpetuos trabajos, en los que hallaba gusto suavísimo en el cultivo espiritual de su viña. Regaba los campos con celestial doctrina. A cualquier dolor le daba la mano, llena siempre de misericordia, pues no se encontraba ninguna pena que no tuviese acogida en su bondad. Todas las tomaba debajo de su amparo. Levantaba a los caídos, reparaba a los deshechos. Su palabra suave, acariciante, sanaba cualquier melancolía, tornaba a la vida a los desalentados, les añadía fortaleza en el ánimo. Aguas celestiales manaban de su corazón.

Salía a menudo a misionar para componer con su palabra las malas costumbres y dar voces contra el pecado. Se ocupaba en sembrar santas doctrinas. Sus sermones eran de mucha autoridad; tenía gracia y donaire al predicar y por eso su palabra atraía a gran número de gente que iba a embelesarse oyéndolo. Discurría desplegando conceptos y ejemplos con los que iba manteniendo contento y suspenso al auditorio. Con la persuasiva robaba los corazones.

Jamás admitió convites de gente rica como otros frailes regalones que se perecían por ellos, e iban a los estrados a tomar aguas nevadas, confituras y chocolate con su reverendo acompañamiento de hojaldres, roscones con pasas despepitadas, molletes de yema, semititas de manteca, bollos, escotafíes y otras maravillas encaneladas y con refulgente azúcar por encima.

A fray Antonio de Ezcaray no lo sacaba ninguna invitación de la celda de su convento, y si no lo había de su Orden en el lugar al que iba a misionar, se aposentaba en la casa de algún clérigo pobre que no tuviese riquezas en la mesa, en el manjar ni en la vajilla, y ninguna tampoco en las habitaciones; apetecía cama dura y estrecha, y olla de algo más vaca que carnero, lentejas siempre, y nunca ningún palomino de añadidura. Su austeridad y sencillez rechazaba cualquier halago y cosa exquisita; huía de lo que fuesen molicies y regalos y más aún del boato y satrapía. A la gente principal le manifestaba donde quiera: "Yo os hablo la verdad; yo no he de ir a vuestros palacios, ni entro en ellos, ni bebo vuestro chocolate, ni quiero confesaros, porque hasta que os quitara, con la ayuda de Dios, esta profanidad, no os había de absolver".

Esta profanidad de que habla fray Antonio era el lujo ostentoso con el que se ataviaban las mujeres. De España había llegado a México la fresca moda del escote exagerado, y de la capital del virreinato pasó en volandas a las provincias. Todas las señoras la acogieron con gusto y entusiasmo. "Causaba admiración cómo andaban hombreando y tirando el jubon-cillo abajo para descubrir más los huesecillos de sus hombros, con sus pechillos y espaldas". Pero para mayor atractivo y codicia de los ojos se velaban los escotes con sutilísimos mantos, que por lo leve y diáfanos que eran se llamaban de humo, de cristal, o de soplillo aun más febles y transparentes que los otros, y de gloria a los muy vaporosos que se usaban como soberbia gala. Y si en todo el redondel llevaban aparejo de encajes, se les nombraba entonces de puntas y eran de gran lucimiento. Todos ellos eran lindos encubridores de aventuras.

Dice este padre fray Antonio Ezcaray en un curioso libro que compuso y que rotuló *Vozes del dolor, nacidas de la multitud de pecados que se cometen por los trages profanos, afeytes, escotados y culpables ornatos...* sacado de estampa en Sevilla el año de 1691, dice en este libro curioso que fue a predicar a

Guadalajara contra esas galas profanas y "el día de año nuevo de 1686 apreté contra la profanidad y puntas, que las mujeres que estaban en el sermón con ellas, las hicieron pedazos". Tanto conmovió su prédica elocuente que algunas hasta lloraron, viéndose con sus atavíos camino del caluroso infierno.

Convencieron las razones del fraile y causó con ellas tan inefable certidumbre que muchas damas principales le decían: "Padre, predique contra esos mantos de gloria y contra las puntas. Por ellos enseñamos ya el pecho, ya las espaldas; se ve la cabeza, el chiqueador, las rosas, cintas, rizos y todo lo demás profano que traemos. Y con el manto de gloria van más desnudas que si no llevaran manto. Y la causa porque resisten quitarse tanto las puntas, y en especial las mujeres de alguna edad, es porque con las puntas disimulan los años y las viejas llenas de hoyos parecen niñas, y les sirven las puntas para hacer con ellas señas y chiqueos, enseñando los dedos y las manos, y más si son blancas".

Tanto en la rojiza Zacatecas como en Sayula y en otras partes del reino, por donde iba dando sus pláticas con las que levantaba los deseos a la pura verdad, hizo muchos frutos de enseñanza al herir en los gustos de todas las mujeres. El entendimiento más obstinado y ciego quedó convencido con sus buenas razones en las que iba la verdad muy a las claras, sin pesadas envolturas retóricas, sino con llaneza y lisura. Las señoras, muy avergonzadas, subieron prontamente los justillos hasta el cuello para ocultar el pecho y la espalda desnudos y que les mandaba enseñar las exigencias de la moda. Desterraron sus leves mantos y se pusieron otros de más cerrada trama, ya lisos, ya bordados, o con sus puntas de encaje o con sus abalorios brilladores.

Pero en Santiago de Querétaro no le salió al bendito padre Ezcaray todo a su deseo; no pudo lograr éxito alguno. Sus reflexiones se quedaron en el aire y en él se fueron sin que nadie las aprovechara ni en lo mínimo. Todas las damas le desoían sus discursos, lo desatendieron, y a su voz cerraron las orejas. Las copiosas razones del fraile predicador no pudieron dar en el blanco. Como estaban las descotadas justamente temerosas de que les hiciera clara prueba de lo muy mal que obraban, acordaron todas a una no ir a oírlo y lo dejaron solo, diciendo sus inflamados sermones. Le volvieron las espaldas descubiertas por el amplio escote que transparentaban mantos casi fluidos de puro leves y sutiles que eran.

No tan sólo no lo fueron a escuchar y siguieron mostrando la apetitosa morbidez de sus carnes, sino que se empeñaron —¿qué no logrará una mujer llore o no llore?— que se establecieran en la ciudad buenos telares para fabricar esas puntas tan delicadas y primorosas que solamente llegaban de España y los mercaderes las subían a muy altos precios doblando lo que les costaron, pero esto no les importaba a ellas ni mucho ni poco, pues primero dejaban de comprar cosas necesarias para sus casas, que esos frívolos atavíos por los que se perecían. Antes desterraran de su cuerpo el necesario alimento que los superfluos adornos de su persona.

Se obstinaron en no dejar sus lujos y sus vistosas galas que tan mal parecían al austero Francisco, quien decía terriblemente, que aquel halagador frú-frú de sedas y aquel leve sonar de collares, no eran sino gratos rumores que les ponía el infierno para encantusarlas y que a sus llamas fuesen a dar con la crujiente balumba de sus ropas.

El Padre Ezcaray no aflojaba un punto en sus bravas predicaciones contra los atavíos deshonestos y las señoras se empeñaron en seguir luciéndolos a toda hora; estaban tan obstinadas y tan en sí, que decidieron no quitárselos así diera el fraile en el púlpito las mayores voces contra ellos, condenándoles los trajes, los adornos y llevar las carnes muy al aire. El Padre contendía por sacar adelante su opinión, pero las señoras queretanas estaban pertinaces, muy tercas en hacer su propia voluntad y llevar adelante su gusto y su porfía sin que se los impidiera nadie.

Decía el Padre Ezcaray que con aquella enconada terquería de las mujeres en descotarse se estaban cerrando la puerta de su salvación. Y así y todo no había mujer que le hiciera maldito caso al fraile; no replicaban a la reprensión, pero seguían empedernidas y obstinadas en su rebeldía. Tanto el buen franciscano como las señoras llevaban adelante su pertinacia. Nadie cedía, no se dejaban torcer ni doblar su empeño. Las doncellas afirmaban que se engalanaban así para encontrar esposo, y las casadas, porque ese era su gusto y también el gusto de sus maridos. "Y llegó a tanto el desorden —escribe Ezcaray—, que los dichos maridos de algunas dicen: 'Cuatro pares de cortes de puntas he de poner a mi mujer'. Y en mi cara me dixo uno: 'Nadie en el mundo me ha de estorbar el que yo vista a mi mujer como quisiere'". Afligido y decepcionado comenta esta actitud: "Al mal ejemplo deste desorden y profanidad se van las más, y todo es bien digno de llorarse, que donde debía haber más modestia hay más profanidad, y que el predicar contra ella ocasiona que se aumente".

De las prendas interiores que el celoso Padre llama muelles en su raro libro, junto a las ropas de mitanes, holandas, cambray, bretaña, estopilla, ruan, sinabafa, caniquí, crea, bocara y bocací, tela columbina e imperialete de Castilla, pone los suavísimos rasos, terciopelos, tafetanes, brocatos y tercianelas, y menciona "un género de vestidos que usan en las Indias las mujeres, llamadas *quisquemeles* y *guaypiles*. A este bien se le puede dar el nombre de *mollis*, suavidad y blandura, porque además de ser él, por la forma y hechura, provocativo a luxuria y garboso, es hecho de algodón y de plumas de variedad de colores, y de tanta suavidad, que las martas y regalillos que usan en España las mujeres en tiempo de invierno no son tan suaves como los tales *quisquemeles* y *guaypiles*".

También harto escandalizado cita otras ropas inconvenientes que no sé en dónde ni cómo las conocería el bendito Padre, quien clama a voz en cuello: "¿No os basta una camisa de bretaña que por sí es materia bien delicada, sino añadirla lo superfluo y costoso de una libra de seda en bordaduras y deshilados, y sobre esta superfluidad una multitud de puntas y encaxes, matizándola toda con hilo de oro y lentejuelas, gastando seis meses de tiempo en coserla?... ¿No os contentáis con traer el pelo y cabeza llena de cintas y rosas, sino que añadís a la frente un trapo que llamáis 'chiqueador'? Y si decís que es por dolor de cabeza, ¿para qué se borda con hilo de oro, seda y lentejuelas, y se guarnece de puntas? A este paño se sigue otro en la garganta, dado un nudo, como si fueran hombres, y otro paño en el pescuezo, tan claro, que sirve de que por él se registre lo que no se debiera ver; y este paño unas veces es una red de hilo de oro y seda, bien costoso, o de pita, o de hilo con muchos deshilados, y le ponen por nombre 'cachaza' o 'pena'..."

Con estos llamativos y singulares arreos iban las señoras a las iglesias "con tanta vanidad, con tanta soberbia, que pisan a todas las que encuentran, y por pasar hasta el altar mayor, despreciando a las pobrecitas, alborotan el templo: todos y todas vuelven la cara, no atienden a la misa, y todo es una murmuración en la iglesia. Preguntan los que no las conocen: '¿Quién es esta señora?' y antes que salga de la iglesia la han desnudado del vestido que lleva, y aun de la reputación".

El señor obispo de Michoacán, don Juan Ortega Montánchez, expidió para todas las mujeres de su diócesis un decreto que era como una severísima pragmática suntuaria, y penaba con graves censuras, además de excomunión mayor *ipso facto incurrenda*, a las que la desobedecieran. Ordenó que los confesores no diesen la absolución a las que anduviesen ataviadas con la escandalosa profanidad al uso; entre esta profanidad se encontraban los preciosísimos mantos de gloria, de humo y cristal, a que eran tan asiduas las encopetadas señoras michoacanas; pero las muy caprichudas descotadas burlaron el rígido mandato episcopal y se pusieron mantos de anascote o ya de tafetán, o de paño, o terciopelo, pero estas telas gruesas eran tan chiquitinas que apenas si mal les cubrían las cabezas llenas de rizos y de lazos, y a su alrededor les agregaron randas y más randas, puntas y puntas, cosidas unas de otras y en tanta cantidad, que tenían los tales adornos más de vara de ancho, con la cual quedaban tan desnudas de carnes como con las sutiles transparencias de los mantos prohibidos por Su Señoría Ilustrísima.

Se queja con gran desconsuelo el buen Padre Ezcaray que tanto la corrupción de las costumbres como las modas que se seguían en el vestir contra toda honestidad y decoro, eran provenientes del teatro, pues hombres y mujeres querían imitar a porfía aquellas maneras libres de vivir y aquella elegante desenvoltura en el hablar. No se les iban de las bocas las expresiones que galanes y doncellas vertían desde los tablados de la farsa. Las mujeres no sólo imitaban la libertad de los ademanes y frases de los faranduleros en escena, sino también sus vestidos redundantes de adornos, que enseñaban lo que por honestidad no se debería ver, pero que las cómicas se ponían por razones de su oficio y para encender deseos que era su negocio. "El origen, estanque y almácigo de donde nace, corre y se trasplanta toda la profanidad son las comedias, pues de ver las comedias y comediantes, los exquisitos abusos, formas, figuras y trajes profanos, nace el que tantos y tantas los imitan".

Creyendo nuestro fraile firmemente esto se interpuso para que no se verificaran unas representaciones en Querétaro adonde llegó una alegre compañía de cómicos a representar entremeses y comedias. "Estas —afirma— entorpecen los sentidos, desfloran la honestidad, trastornan a los buenos y precipitan en peor a los malos", y para que no sucedieran estas cosas terribles, se acompañó con otro de su convento y con un crucifijo en las manos se aprestó a riesgo y ventura de una rechifla o, cuando menos, que le corrieran nuevos desaires, en la puerta del coliseo o corral en donde subían a escena esas divertidas farsas.

Los dos padres estaban silenciosos, inmóviles, con las capuchas caladas y los ojos en tierra. Acudió mucha gente curiosa a verlos y toda ella se quedó contrita ante la santa imagen del Señor crucificado. Los cómicos, azorados, les preguntaban con palabras afanosas qué era la que deseaban allí con aquel Cristo y aquella su compostura humilde, y tanto Ezcaray como el otro Padre no respondieron palabra y hasta que les fue repetida la pregunta contestaron:

—Venimos a ver si hay comedia.

Los pobres farsantes les rogaban, encarecidamente, que se fueran a predicar su lindo sermón a una iglesia y no allí, que no era lo propio. Con grandes ansias deseaban los histriones que se alejaran los encaprichados padres, pero por más súplicas y ruegos que les hacían, se quedaron allí muy firmes, sin mudar de actitud.

Viendo su firmeza y el deseo de predicar, se fueron los cómicos muy compungidos. "Algunas jaculatorias —dice Ezcaray— me iban echando, y yo con mucha alegría interior, decía: Como no haya comedia, aunque me den de palos". No hubo palos ciertamente, a tan allá no llegó la cosa, ni hubo siquiera ninguna otra manifestación hostil o desagradable, pero tampoco hubo comedia, sino antes bien el gentío se fue acrecentando y cuando ya era mucho dijo el inflamado franciscano uno de aquellos autorizados sermones que tanto le celebraban y con los que sembraba la fe y encendía la esperanza. Soltó aquella su natural vehemencia y arrojaba unas como llamas encendidas en los corazones de los oyentes. Muchos dijeron: "Esta sí que es palabra de Dios y no del diablo".

Pero la gente que lo rodeaba era toda de la pobre y popular, no del encumbrado señorío. Este continuaba metido en sus deleites, sobre todo las damas que tuvieron el tozudo capricho de no oír a fray Antonio de Ezcaray y menos aún obedecerlo si, por acaso, lo escuchaban, porque no se querían plegar a sus designios. Continuaron adornándose con primoroso refinamiento y, sobre todo, bajaban cada vez más los deslumbrantes escotes para contradecir el gusto del fraile predicador y también dárselos ellas muy amplio al llevar al aire mucho de la espalda y pecho.

Ojos, herido me habéis

Llegó correo de España, y en la Catedral celebraban la solemne misa de rigor en acción de gracias por la salud del rey don Felipe V y de las reales personas de su familia. En la Catedral había un esplendoroso bullicio entre la leve bruma del incienso y el olor de las flores, al que sumaban su delicadeza los perfumes que afluían de las ropas de las damas. Todo el señorío de rango asistía a esa función. Por todos lados se veían cabrilleos de joyas, brillos de telas ricas. Estaba allí la Real Audiencia, estaban los Tribunales, el corregidor, el Ayuntamiento, la Cancillería del Reino, los gentileshombres y pajes de Palacio, y, bajo dosel, el virrey don Baltasar de Zúñiga, Guzmán Sotomayor y Mendoza, duque de Arión y marqués de Valero, ataviado a todo lujo con su pesada casaca de brocatel noguerado, llena de bordados de oro, y sobre cuyos hombros caían los espesos rizos de su encumbrada peluca blanca.

Los ojos del Virrey se desviaron del altar mayor, en donde seguían, halagados, las ceremonias rituales del culto, y se le fueron por encima del elegante gentío hasta la reja de tapincerán que cerraba una de las doradas capillas, y unos ojos suavísimos, de manso mirar, metidos en un ensueño tranquilo, salieron, llenos de paz y de bien, al encuentro de los suyos, que se estremecieron de gozo, grandes y ávidos. Los ojos ensoñadores se bajaron al devocionario que sostenía apenas una mano que salía blanca, leve y frágil, como pájaro de ensueño, de los encajes que brotaban como corola del interior de la manga de labrado ormesí. En el rosado nácar de cada uña había un puntito de luz, y en uno de los dedos, afilados y pálidos, brillaba una turquesa que veía al Virrey iluminadamente, cándida y azul.

La turquesa de la sortija y los diamantes del garbín que se trasparentaba en la cabeza bajo la negra espuma del manto de soplo, las perlas del collar y la rica pedrería del prendedor que rutilaba en el juboncillo recamado, tenían con sus brillos una plática misteriosa y sutil que no alcanzaría a comprender el saber humano, pero que sí entendía claramente la Virgen de aquel nicho barroco y aquel santo de cara amarilla, macerada, y de ropas estofadas, porque ambos sonreían con delicadeza, con sonrisa amorosa, misteriosamente expresiva, mirando con ternura a aquella damisela arrodillada junto a la reja de tapincerán que cerraba la capilla dorada y balsámica donde ellos vivían una vida irreal, extática, adorante.

Una dueña de venerables tocas, con griñón y encarrujada papalina, luengas haldas negras y largo rosario sonador, tomó el miniaturado devocionario y le echó los cierres de oro, y la damisela se puso en pie esbelta y frágil como vara de nardo. Era toda ella un sutil refinamiento de rosas y de nácar, y daba idea de algo leve, de algo delicado que fuese a alzar el vuelo. Una de sus manos, llena de exquisitez lilial, subió, lenta y grácil, a la cabeza a pulir el prendido del manto, y luego cayó con gentil abandono sobre la falda verde veronés nubada con veletes de encaje, y sus suaves ojos negros fueron a recoger, tranquilos, la mirada del duque de Arión. La Virgen y el mártir salieron de su serena contemplación y sonrieron en sus nichos dorados con una entrañable bondad, temblándoles algo inefable en las manos extendidas para la plegaria.

Un lacayo, de amarilla librea, se inclinó a levantar la almohada postratoria de terciopelo rojo con galones, en que se había arrodillado la pulida y linda damisela. El Virrey la veía, lleno de afán, alejarse entre los terciopelos, los tabíes, los brocados, los chamelotes de colores, las catalufas, los ricos jametes, las sedas brochadas con que engalanábase todo aquel gentío que llenaba la santa iglesia Catedral. A la distancia todavía columbró el duque de Arión la mano bizantina y pálida que andaba con elegante atildamiento componiéndose en la cabeza el leve manto de humo, y la piedra de la sortija, encendida de azul, tenía entre el cerco de oro una plácida suavidad, y mirándola sentía el Virrey un encanto sedante, y la turquesa también veía al Virrey con su ojo estático e infantil.

El duque de Arión preguntó a todos quién era aquella dama hermosa, de dorada adolescencia, y nadie le daba razón. Desesperado andaba el duque de Arión. Daba con toda minuciosidad sus señas, pero nadie la conocía, ni había visto jamás esa donosa y rubia juventud. Se ponía a trabajar y de los papeles de su trabajo se levantaba ella ondulante y blanca, viéndolo con la candorosa idealidad de sus ojos negros, mansos y aterciopelados. Sus sueños se poblaban con aquel piadoso mirar, mirar de éxtasis y de lágrimas, con quietud de lejanía. Iba el Virrey al Coliseo, iba ansioso a los paseos de la Alameda, a los de San Agustín de las Cuevas y a los de Santa Anita, y no la hallaba; en ninguna función de la Catedral y de los conventos la volvió a ver. ¿En dónde se había metido esa grácil criatura? ¿Por dónde andaba su gracia muelle y delicada?

Un día estaba Su Excelencia pensativo en el balcón de Palacio viendo cómo la tarde se reclinaba, toda transparente y dorada, sobre las piedras de la Catedral, cuando pasó la gentil desconocida en forlón abierto, vestida con basquiña de lama azul, con favores encarnados y recamada de oro en la berta y en las mangas; se tocaba con un sutil manto de los de cristal con cenefas y randas; las manos brotaban de los espumosos abanillos de puntas de Flandes e iban jugando gráciles, entre vislumbres de perlas, con un joyel que de una cinta plateada le pendía del cuello. Alzó hacia el balcón el rostro la dama y la dulzura de sus ojos mansos, aterciopelados, se abrió como dos flores franciscanas, y todo su mirar se fue quedando encima de los ojos del Virrey, temblando dentro de su llama negra, embebiéndole su idealidad..., y alejándose rápida, dejó atrás de sí, en el aire dorado de la tarde, el fulgor de su mirada. Pasó como un ensueño esa adolescencia pálida y hermosa; pasó como un ensueño con su frente de pureza y sus ojos y sus labios de placer y de infortunio. Pasó... Mientras que sus dedos jugaban con el joyel, su alma estaba muy lejos; más bien, estaba muy honda.

—¿Quién es, quién es? —gritó anhelante el Virrey—. ¡De azabache os cargáis, ojos divinos!

¡Por fin se lo dijeron! ¡Por fin! ¡Pero cuán tarde ya! Era doña Constanza Téllez. ¿No vio Su Excelencia que iba con otra dama? Pues esa dama que la acompañaba era la condesa de Miravalle. ¿Que, no la conocía Su Excelencia? La condesa de Miravalle era la madrina de doña Constanza Téllez, quien andaba despidiéndose de sus encumbradas amistades, porque iba a profesar de manto y velo negros en el convento de Santa Isabel, y que en esa religión iba a tomar el nombre de sor Marcela del Divino Amor. Por eso su traje —¿no lo vio su Excelencia?— iba lleno, constelado de alhajas y de flores de seda que llevaban dentro monedas de oro que le iban prendiendo sus amigas para que aumentase su dote o para que con esos regalos hiciera dineros para los pobres de su monasterio. ¿No sabía Su Excelencia que cuando en México iba a profesar una novicia salía por tres días fuera del claustro, los tres días de libertad que se llamaban, para recorrer calles y paseos y hacer visitas de despedida, acompañada de su madrina y vistiendo cada día, como ella, un traje diferente y magnífico, en cuyo ampuloso esplendor le iban colgando sus amigas collares de pedrería, cadenas, ahogadores, sartas de perlas, pinjantes, lazadas, piochas, pinos de oro, herretes, ajorcas, cintillos, pendientes, tumbagas, y, además, se lo llenaban de la múltiple policromía de flores de raso que encerraban entre sus hojas una moneda de oro?

No. Su Excelencia no sabía de esa costumbre de México.

Pálido y temblando fue a abrir un bargueño, y de una de las taraceadas navetas sacó un largo y esplendoroso cabestrillo de diamantes lleno de firuletes de oro, una cruz recubierta de cornalinas, bermelletas y aljófar, una manilla de granates almandinos, una higa de coral con venturina y unos broqueles también de diamantes bonetes y de rosas faceteadas.

—Lleven esto —ordenó a un paje— a la condesa de Miravalle y que, a mi nombre, sea muy servida de prenderlo en el traje de doña Constanza Téllez.

Quedó solo el apuesto duque de Arión, y a poco una cornucopia le dijo con el turbio azogue de su espejo que estaba llorando, y una de sus manos fue diligente a enjugar los ojos con el randeado pañuelo de cambray. Ese llanto parece que desheló el frío cristal de la cornucopia, que, como con ahínco cordial tendía sus retorcidos brazos de plata para acoger el dolor del Virrey. Las lágrimas le llegaron a la boca al duque de Arión, poniéndole su sabor salado, que es la amargura de la vida y la nada de nuestro existir. Se levantó del sillón de rojo guadamecil en que estaba, y se le cuajó en sus facciones una acongojada tristeza.

Desde entonces el duque de Arión empezó a vivir ensimismado, en un mutismo hosco. Suspendió sus saraos y suspendió sus paseos. Con nada le salía la tristeza del corazón. Andaba como cubierto de nieblas y sombras. "Manda amor en su fatiga que se sienta y no se diga". No hallaba más gusto que ir todas las tardes a la iglesia del convento de Santa Isabel a hundirse en una capilla solitaria y olorosa, cuya penumbra coloraba la viva pedrería de los vitrales. Hasta allí llegábanle, y era su encanto, los melódicos latines de las monjas, que le bañaban el espíritu de bienaventuranza. Había una voz, que ya le habían dicho que era la de Sor Marcela del Divino Amor, que lo llenaba de bien; en ella salían envueltos unos como destellos de melodía angélica; se alzaba esa voz con la del órgano como dos surtidores fraternales, sobresaliendo entre las demás voces del coro, y ascendía limpia y clara, se enlazaba gentilmente con el canto de las demás monjas por entre la silenciosa obscuridad de las naves, llegaba hasta el éxtasis de los serafines pintados en las bóvedas, se metía entre los áureos calados de los retablos, y salía, traspasando los vitrales, a derramarse en el áureo recogimiento de la tarde.

Una mañana, en la fresca umbría de esa capilla monástica, en que a diario iba a reclinar el corazón, le entró una idea tenaz: fundar un convento de monjas capuchinas, y a poco, como lo pensó, puso manos presurosas a la obra. La primera piedra se colocó el 12 de septiembre de 1720, y tan de prisa se laboró que el 10 de julio de 1729 se le puso fin, bendiciendo tan famosísima fábrica el Ilustrísimo y Reverendísimo señor arzobispo don fray José Lanciego y Eguílaz. Hizo el Virrey que toda la nobleza y la gente rica de México engrandecieran ese convento con regalos cuantiosos y espléndidos, joyas, telas litúrgicas, muebles; él, por su parte, gastó ingentes sumas para decorarlo con la elegancia que tenía. No se echaba allí de menos ni el mármol ni el oro. Las fundadoras, cándidas avecitas de Dios, salieron de Santa Clara, de San Juan de la Penitencia y de Santa Isabel, y entre las de este monasterio fue la leve Sor Marcela del Divino Amor, cuya blancura se había transparentado con más idealidad bajo la sombra olorosa del claustro.

Todos los pensamientos del duque de Arión estaban puestos con amor en ese convento. Fundó en él dos capellanías de sangre; dotó una solemne misa de *Réquiem* por sus antepasados; le dio seis días del mes derecho de portazgo en la garita de Belén, y le allegó muchas propiedades y rentas, aparte de que hoy le enviaba un regalo y mañana otro más amplio y suntuoso, y así era como el convento de Capuchinas de Corpus Christi se hallaba lleno de exquisitas magnificencias. Lo último que le donó fue la opulenta reja del coro, labrada por los más diestros oficiales de la ferrería. La formaban barras prismáticas y retorcidas, enlazadas por traviesas que se convertían en fajas adornadas. Se abría el metal en sutiles filigranas; florecía en grandes rosas de hierro recamadas de oro entre hojarascas, redundantes eses y roleos; tenía un complicado friso en el que el trabajo de forja y martillo se juntaba el repujado y cincelado con querubines y óvolos con sus flechas, con cariátides, bichas y medallones combinados con las grecas, flores y hojas menudamente picadas, y la remataba una florida y esbelta crestería con pináculos prolijos en cuya cima se alzaba, entre exuberantes flameros, un calvario policromado por los buenos pintores de imaginería.

El Virrey acarició largamente, durante días y días, esa reja como si fuese cosa viva y tierna; pasaba y repasaba en muda delectación sus manos lentas por todos los complicados hierros, quería dejarles detenidas sus caricias para que cuando saliera por entre ellos la mirada diáfana, húmeda de ternura, de la que era señora ama de su corazón, se juntaran dulcemente con ella y la embebieran en su secreto fervor.

Las monjas capuchinas, pueriles y trémulas esposas del Señor, también enviaban al Virrey sus fragantes, exquisitos presentes, primores de sus manos y de sus ojos. Bordados saquitos de seda con tomillo, salvia, romero, cantueso, espliego, cáscaras de lima y habas toncas, para que los mandara poner en los arcones y armarios en donde se guardaba su ropa blanca y la envolvieran con su aroma inocente, mezclando su suavidad al cedro y al sándalo de las maderas. Le enviaban sus esplendorosas especialidades de masa y confitura: para el desayuno y la merienda, iban a diario al Palacio Virreinal, bajo servilletas adamascadas o deshiladas, o bien con multicolores bordados de chaquiras y tiesas de almidón, bollos de leche, leves hojaldres, lustrosos bizcochos de Moscovia, frágiles rosquetitos grajeados, bolas de viento, amarillos mamones reales, puchas nevadas, molletes que resplandecían como el sol y que tenían un vago gusto a la retama y al romero con que se calentó el horno conventual, y semitas de manteca llenas de preciosos repulgos de afiligranado primor, formando estrellas, corazones y flores, y le mandaban en tarritos vidriados, arropes y mostillos, y le regalaban con dulces magnificentes.

¡Qué dulces divinos, Señor, enviaban esas hacendosas abejas de tus colmenas celestiales! Dulces santificados que enaltecían el paladar e iban llenos de gracia en compoteras fúlgidas que centelleaban, o en aquellas charolas rameadas, o en aquellas lindas bateas de Olinalá, entre flores de papel. Era sólo una delicia exquisita ver las sonrosadas y frágiles frutitas de almendra con su clavo o su rajita de canela, los alfajores tachonados de piñones, las peras tostadas, rellenas ya de nuez o de crema, los duraznos encantilados, los voladores o embarradillos de leche, los tazones con cabellos de ángel, las tiranas de calabaza, las imponderables fuentes de cocada con adornos de almendras, pasas y florecitas de geranio y los sublimes huevitos de faltriquera y los huevos moles, y los huevos agridulces, y las untosas mermeladas, y los susamieles fragantes, y los mostachones y las deleznables palanquetas. Todo tenía un pulido refinamiento que exaltaba el encanto de los sabores y no se hacía más que bendecir a aquellas blancas criaturas de Dios, iluminadas de su divina gracia para confeccionar aquellos suculentos y esplendorosos primores que, con sólo probarlos, hacían ver un cielo quimérico, y en el acto, con ellos le entraba a uno al cuerpo como un coro de ángeles cantando salmos y motetes.

* * *

Relevó el rey del mando al duque de Arión. Ya estaba en Veracruz su sucesor, el marqués de Casa Fuerte. Se llenó de tristeza el convento de capuchinas de Corpus Christi. También se llenó de tristeza la ciudad, pues el duque de Arión fue honrado y benéfico. Las santas madres le manifestaron sus sentimientos en una tierna misiva, pulida y elegante, con retorcida caligrafía de nobiliario, de carta puebla, de carta de desposorio o de privilegio rodado, y le enviaron con ellas unos escapularios bordados, en los que se afiligranaban curiosos primores de aguja y echaban fuera de sí un olor grato y entrañable, el alma leve del convento, que hacía descansar el espíritu. También le mandaron, en una cajuela embutida de carey, una sortija de oro —¡aquella sortija!— que tenía una piedra azul. El Virrey la reconoció en el acto. Con un vapor de lágrimas en los ojos veía la turquesa, y la turquesa también lo veía a él largamente con la azul inocencia de su mirada, que tenía, lo mismo que el Duque un humedecido mirar de saudade.

Partió el duque de Arión de México. Una infinidad de nobles caballeros, ya en coches, ya a caballo, lo fueron a acompañar hasta San Cristóbal Ecatepec para esperar allí al nuevo virrey. Afectuosas, emocionadas, fueron las despedidas. Llegó a España el duque de Arión, y aún no se le daba fin a su juicio de residencia, cuando puso su vida en manos de la muerte; pero al ordenar su testamento mandó que su corazón se enviara a México, para que lo depositaran en el presbiterio de la iglesia del convento de monjas capuchinas de Corpus Christi, y que en la caja que lo encerrara, incrustaran la piedra azul de la sortija que él trajo siempre en su mano desde que llegó de la Nueva España.

Arribó meses después a estas tierras la arquera de plata que guardaba el corazón de don Baltasar de Zúñiga, marqués de Valero y duque de Arión. El arzobispo, vestido de medio pontifical, acompañándose de todo su cabildo con sobrepellices y bordadas estolas de Ugena, y de los señores del Ayuntamiento, atravesó una mañana las calles de la ciudad para ir a Corpus Christi a hacer la entrega de aquella arqueta amparada por la inocencia azul de la turquesa.

Al entrar en el templo cantaban las monjas en el coro. Sus voces puras tenían lágrimas. Pero había una voz que entre las otras sobresalía límpida; era una voz melodiosa, de ritmo ondeante, llena de transparencias argentinas. De pronto esa voz se alargó angustiosa en un gemido y reventó en apretado sollozo de pena. Volvió azorado la cabeza todo el elegante gentío que llenaba el templo y puso ojos ávidos, con inútil afán, en el coro de las monjas, en donde había confusas voces de alarma entre un oleaje de hábitos, de pecherines y de tocas, y entre un blanco aleteo de manos cautivas.

A Sor Marcela del Divino Amor se le rompió el canto ritual en sus labios, perfumados por la oración, y de golpe cayó desmayada al ver, por entre la florida reja del coro, aquella arqueta de plata en la que iba el corazón del duque de Arión, y sobre la que temblaba, a la luz de los cirios, la mirada azul de la turquesa de su sortija de doncella que tenía como un azul más inocente, más suave; era como un ojo con lágrimas de niño bueno que mira con apacible, con mansa ternura.

El alacrán de fray Anselmo

Don Lorenzo Baena, de rico que era, andaba escaso y necesitado. Se le agotó todo su caudal y la miseria furiosamente lo atropelló. Don Lorenzo Baena tenía el alma llena de ternura, era sencillo, afectuoso, solícito. A la largo de sus días no había una sola huella de odio, sino sólo dulzura, suave bondad. Él sonreía delicadamente ante su desgracia, como delicadamente sonreía cuando estaba en la opulencia. Inclinaba, humilde, la cabeza, y abriendo los brazos, decía: "¡Qué le vamos a hacer, qué le vamos a hacer!" Jamás una palabra amarga, dura, brotaba de sus labios. Todo era perdón y misericordia don Lorenzo. Su vida se tendía hacia Dios, apacible, tranquila y resignada.

Fletó un barco don Lorenzo, cargándolo con abundante *ropa de China* para el Perú, y el barco fue apresado por piratas; todo el cargamento de la nao de los peruleros lo compró don Lorenzo, y la nao zozobró en una furiosa borrasca; mandó una larga conducta de plata hacia las Provincias Internas de Occidente, e indios bárbaros la asaltaron. Iba con la conducta su hijo Jorge a entregar en Querétaro a los cofrades de Santa Rosa una reja opulenta de calaín y tumbago que, por mediación de don Lorenzo, mandaron fundir a Macao de la China, y el hijo, esbelto y rubio, fue escapelado por los indios. La esposa de don Lorenzo se llenó de abatimiento; una tristeza mansa la fue consumiendo, y al fin el Señor se la llevó para sí. Unos males iban asidos a otros males. Don Lorenzo no perdía su serenidad que le bañaba el alma. "¡Qué le vamos a hacer, qué le vamos a hacer!", decía don Lorenzo, abriendo los brazos, e inclinaba, resignado, la cabeza ante el Destino.

Lo seguía la mala ventura como una sombra fiel. Todos iban a desaguisar en su hacienda. No había gente que no se le atreviera. Tuvo que vender sus muebles, tuvo que vender su casa. ¡Su casa, su casa! Salió de ella llevando el retrato de su esposa; lo veía y lloraba, y doña Catalina, desde el marco de oro, lo veía también con sus ojos azules y tristes.

Don Lorenzo, fuera ya de la traza de la ciudad, vivía en un cuartito, muriendo de hambre. Allí no había casi ni en qué poner las manos. Pasaba muchas necesidades don Lorenzo. Apenas si tenía un bocado que llevar a los labios. Los que fueron sus amigos, al verlo pobre y desventurado, le volvieron la espalda, embozándose altivos en el egoísmo. Iba a pedir trabajo a los que él hizo ricos y se lo negaban con aspereza. Don Lorenzo estaba en las últimas; su paso era ya arrastrado, titubeante; hablaba, y de pronto quedábase con la boca abierta, mirando con ojos vagos, porque se le perdía el asunto de que trataba. Volvía a cogerlo con dificultad y a poco quedábase de nuevo absorto, sumido en otras consideraciones, y suspiraba palabras muy suaves y faltas de ilación.

Una mañana, no supo ni cómo, entró en el convento de San Diego. Pasito a paso salió de su casilla mísera, pensando que en aquel día se hacían dos años desde que murió su esposa; le rogaría a un padre que, por amor de Dios, le dijese a su doña Catalina una misa de sufragio. Vería a fray Anselmo de Medina, que amparaba siempre las necesidades. Fray Anselmo de Medina era bondadoso y feliz; era un alma llena de compasión; se le desbordaba de ella suavemente la ternura. Tenía la fe sencilla, firme y cándida. Había tal cordialidad en sus palabras; ponía en ellas un matiz tan delicado, tan fraternal, que sonaban con una extraña dulzura, anegando de bien los corazones. ¿De qué dolor podía saber fray Anselmo de Medina que a él no acudiera apresurado? Por santo se le tenía y como a santo se le veneraba. Largas caminatas hacía bajo lluvias, vendavales y solaneras, pidiendo limosnas para derramarlas en los pobres. Volvía al convento con los pies llagados, con la ruin estameña del hábito hecha mil jirones, escurriendo sangre por muchas partes del cuerpo, ya enflaquecido por tantos y tantos ayunos. Fray Anselmo de Medina era un serafín humano, una celeste criatura de Dios, lleno de ardiente caridad y melificado de amor.

Don Lorenzo entró en la celda de fray Anselmo de Medina. La celda de fray Anselmo era blanca, humilde y pulcra como su espíritu. Una mesa tosca, renegrida; un sillón viejo, unas tablas que eran la cama y con una piedra por cabezal: eso era todo, todo lo que había en la celda de fray Anselmo de Medina, y, además, un Cristo que agonizaba lleno de sangre y de angustia, en una cruz, sobre la blanca pared.

—Pase, hermano, pase. ¿Qué bueno por aquí?

—Padre mío, ya no sé qué hacer. Todas las puertas se me cierran. Ya se me va la esperanza. No puedo más. Deme su ayuda, fray Anselmo.

—Hijo, ¿qué es lo que quiere, diga?

—Ya está al llegar la nao de la China. ¿No oyó ayer el repique? Deme, présteme, padre, un poco de dinero, y yo compraré algo de sedas, lacas o porcelanas, para ver si salgo adelante, pues la negra miseria me sigue tenaz y nadie quiere ayudarme, padre, nadie. Con quinientos pesos...

—¡Quinientos pesos! Mire, hijo, ya vendí mis libros, me dieron un hábito nuevo y lo di a unos pobres. No tengo nada, hijo, nada. Estoy desnudo de todo bien. Ya en el convento no quieren darme cosa alguna, pues dicen que despilfarro. ¿Señor, qué doy a este buen hombre, a esta dolorosa necesidad que me pide? Yo quiero socorrerla. Yo quiero socorrerla, ¿pero cómo, Señor?...

Fray Anselmo miraba con larga mirada suplicante al crucifijo. Lleno de angustia, se le llenaron los ojos de lágrimas, porque no podía remediar el infortunio de aquel pobre hombre manso, tan bueno y tan sencillo. En esto vio fray Anselmo que empezó a bajar por la pared un alacrán, un alacrán largo y rubio. Cuando lo tuvo a su alcance lo cogió con suavidad, y con más suavidad aún lo envolvió en un papel, y entregándoselo a don Lorenzo, le dijo:

—Tenga, hermano. Lleve esto al Monte de Piedad de Ánimas, a ver cuánto le dan, y que Dios le ayude.

—¿Este alacrán, fray Anselmo?

—Sí, este alacrán, don Lorenzo. No tengo más. Rece una salve por el alma del buen caballero don Pedro Romero de Terreros, conde de Regla, que fundó esa institución, con lo que ha hecho tanto, tanto bien a los pobres. Adiós, don Lorenzo. El Señor lo acompañe.

—Que Él quede con su reverencia, y pídale por mí.

Don Lorenzo llegó al Sacro y Real Monte de Piedad de Ánimas, en la calle del Colegio de San Pedro y San Pablo. Temblaba don Lorenzo. ¿Cómo iba a empeñar aquello? Creerían, de fijo, que era una burla suya y hasta lo enviarían a la cárcel. Se iría a su casa con su miseria y su dolor. ¡Pero si fray Anselmo le dijo que llevara ese alacrán al Monte de Piedad! Bueno, pues lo entregaría allí, qué más daba. Alargó, temblando, el pequeño envoltorio. Se sintió don Lorenzo más humilde, más poquita cosa, más insignificante; se tenía a sí mismo una lástima infinita. Sus ojos eran una muda imploración de piedad.

Tomó el dependiente el pequeño paquete y al abrirlo se llenó de azoro. Con asombro veía a don Lorenzo de arriba a abajo. Don Lorenzo pensó: "¡Ahora es cuando me va a pegar este hombre, por mi inaudito atrevimiento, y tendrá razón si lo hace! ¡Claro que la tendrá!" Cerró los ojos y empezó a esperar el golpe rezando un avemaría; pero los abrió cuando oyó que le dijeron:

—¿Cuánto quiere, señor, por esta maravilla?

Entonces también don Lorenzo se quedó atónito, tembloroso, y lanzó un vago grito de estupor al ver que el dependiente tenía entre las manos un gran alacrán de filigrana de oro, rutilante de pedrería, esmeraldas, rubíes, topacios, infinidad de diamantes esplendorosos.

—Le daré tres mil pesos, ¿quiere?

Don Lorenzo, lleno de regocijo, tomó el dinero; salió esa misma tarde para San Diego de Acapulco. La nao acababa de anclar, magnífica, volcando sus tesoros ante el alborozo de la multitud. Compró tafetanes, anafallas, sirgos, noblezas, pitiflores, lampotes, zarazas, damascos, pequines, chitas, cambayas, deslumbrantes camocanes. Adquirió las telas más hermosas que entre sus maravillas trajo la nao de China. Volvió a México, y ante los ojos ilusionados de damas y caballeros abrió sus baúles de cuero rojo, con prolija ornamentación de tachuelas doradas, y vendió aquellas telas crujientes, halagadoras a los ojos y a la voluptuosidad del tacto, en lo doble y hasta en lo triple de su coste. Pronto las señoras y los caballeros principales le agotaron su preciosa mercancía, con la que tanto habían soñado en sus caserones, en el tedio de muchos días.

Don Lorenzo se mejoraba muy aprisa. Adquirió luego churlas de canela, barricas de vino, cacao, índigo y grana, y lo llevó en larga reata de mulas a la feria de San Juan de los Lagos. Sus beneficios fueron enormes. Después partió, con paños de raja, picotes, angaripolas, creas, limistes y bellorines, cordobanes y cobre chileno, a la feria que se hacía en Jalapa a la llegada de la flota. Muchos, abundantes dineros metió en sus arcas. Compró después trigo, y antes de la cosecha, compró y atravesó mucho maíz; vino una gran escasez y aumentó sobremanera sus ganancias. Cada vez le caía la sopa en la miel. Volvió a ser rico don Lorenzo Baena. Volvió a tener amigos que le decían palabras cariñosas y lo llenaban de dulces halagos. En tiempo de higos, abundan los amigos de los higos. La fortuna le volvió a sonreír largamente a don Lorenzo Baena. Vivía próspero y sin revés. Tornó a allegar grandes riquezas y a ensancharse en heredades. De entre los pies le nacía el bien y, sin saber cómo, se le multiplicaba. Todas sus desgracias pasadas se le hicieron flores.

Fray Anselmo de Medina le levantó su fortuna. Decía don Lorenzo que tenía que recompensar ampliamente a fray Anselmo. Gracias a él se veía cada vez con nuevos y grandes acrecentamientos. Tenía que recompensarlo. Sacó del Sacro y Real Monte de Piedad de Ánimas el alacrán de oro, lo envolvió, cuidadoso, en un retal de seda y se lo llevó, como regalo, al seráfico fraile dieguino.

Fray Anselmo se hallaba en su celda, junto a la ventana. Tenía en la mano un pajarito que estaba cantando, vibraba todo su leve cuerpecillo y veía al fraile con sus ojitos negros, inquietos, como cuentas mojadas. Al entrar don Lorenzo voló el pájaro y se fue a la aguda cima de un ciprés, de donde siguió enviando al fraile su cántico. Don Lorenzo le dijo efusivas palabras de agradecimiento a fray Anselmo; le besaba las manos y lo veía con inefable ternura. Le entregó la preciosa joya. Fray Anselmo, sin mirarla, la desenvolvió, y tomándola con suavidad, se acercó a la pared y puso el alacrán en el mismo sitio de donde lo había tomado antes, y, acariciándolo, le dijo:

—Anda, sigue tu camino, criaturita de Dios.

Y el alacrán, largo y rubio, empezó a caminar lento, ondulante, por la blanca pared. El pájaro vino al alféizar de la ventana y empezó a cantar con alegría.

El bien debajo del mal

En una pequeña casa de la calle de los Siete Príncipes vivía doña Francisca Avendaño. La casa esa, por su curioso esgrafiado, estaba pregonando claramente ser fábrica del siglo XVI. Tenía ventanas salidizas de ancho repisón, con gruesos barrotes bien entramados y copete prolijo que encumbraba una retorcida cruz; portón recio, con sus charnelas, redondos chatones de hierro y mirilla precautoria que como jaula sobresalía de la madera. En lo alto, dos robustas gárgolas que en los días de lluvia vertían el agua en amplia curva que sonoramente deshacíanse en las piedras de la calle. Esa casa mostraba un aire de nobleza, de resignación, de silencio y de paz.

Doña Francisca Avendaño era altozana de cuerpo, muy erguida, con fijo mirar de falcónida. El ademán suelto y brioso, la voz de mando. No hablaba doña Francisca sino con entono imperativo. Faltábale más de la mitad de una oreja, y en esto había mil conjeturas y malicias: Que se quiso sacudir el yugo de la obediencia y el padre, un forzudo y robusto animalote, se la arrancó de sólo un estupendo tirón para domarle la voluntad; que no fue eso, sino que con filoso cuchillo cachicuerno se la cercenó un arriscado sujeto, perdido de amores por la dama y que también de la mano derecha le cortó de raíz el dedo anular en donde traía la sortija que le dio un hombre con quien se iba a casar muy enamorada y que a la sazón andaba por tierras incógnitas de la lejana provincia de los Texas, de las que nunca volvió más para atarse a ella con las ligaduras y lazos del matrimonio. ¿Por qué no tornó a México ese galán? ¿Acaso otro amor entróse con fuerza en su vida y le rindió la blanda voluntad? ¿O porque el ingrato polvo del olvido le borró de la memoria a doña Francisca? ¿O fue, tal vez, porque la muerte se le puso al paso? En torno del dedo faltante y de la oreja mutilada corría exuberante chismerío tramando historias. Esas hablillas eran el objeto de los juicios y lenguas del vecindario novelero.

¿De dónde salió, de dónde vino esa enlutada doña Francisca Avendaño a vivir a la calle de los Siete Príncipes? Todos los de ese barrio sosegado y lejano, la recordaban en esa casilla baja, haciendo una vida simple, recatada, llena de sencillez apacible. Aunque era de empaque duro, altiva de ademanes y de palabra seca y cortante, recibía siempre con agrado a cualquiera necesidad que llamase a su puerta y sacábala pronto del caos de la aflicción en que se hallaba. Eficazmente acudía con el remedio en las manos y no en la lengua. Sus manos no estaban secas para nadie. Además, ayudaba con palabras de consuelo.

Todo esto lo daba gustosa y con sencilla cordialidad doña Francisca Avendaño, y sacaba exaltado el enojo si alguien le hacía presente las gracias o demostrábale siquiera agradecimiento. Para evitar esto remediaba muchos duelos y quebrantos por terceras personas o escondía la limosna en el seno del pobre y así multiplicaba sus favores, acudía a toda suerte de menesterosos. Si Dios no cierra la puerta para recibirnos ¿cómo ella —decía—, criatura de frágil barro, iba a negar a una cuita la entrada en su casa para dejarle un corto bien material o espiritual?

Por eso a todos veía con ojos propicios y cubríalos con el manto de su piedad.

No sólo tenía doña Francisca a muchos pobres bajo su protección y amparo, sin desechar de sí a ninguno, pues todos a los que socorría, y más que fueran, hallaban buena cabida en la amplitud de su caridad y siempre les daba suave cobijo su misericordia, sino que repartía constantes dádivas con mucha largueza al Colegio de las Doncellas, conocido más bien por el de Niñas; al Colegio de San Ignacio, dicho generalmente las Vizcaínas; al convento llamado de las Bonitas, porque en él se recogían y educaban a múltiples muchachas que por su buen parecer pudieran perderse con las pérfidas asechanzas del mundo; al convento de Nuestra Señora del Pilar, de religiosas de la Enseñanza y Escuela de María; al convento de Indias de la Compañía de María Santísima de Guadalupe y la Nueva Enseñanza.

A estos dos últimos institutos no los nombraba la gente con esas designaciones tan prolijas, sino sólo, respectivamente, y con toda simplicidad, la Enseñanza e Inditas. En todas estas casas benéficas alargaba doña Francisca la mano de su socorro porque había tomado en sí parte muy principal de sus cuidados y, con generoso desprendimiento, les iba acrecentando los favores y mercedes. Era doña Francisca Avendaño piadosa y limosnera, franca y liberal, pues no sabía dar sino mucho. Por su mano expendía su hacienda en obras pías.

Pero de pronto, ¿qué pasó?, ya no socorría a nadie doña Francisca Avendaño. Cerró con doble nudo la bolsa de sus caudales y no sacaba de ella ni siquiera un triste maravedí. Estaba más ceñuda, rechinaba más agriamente su genio, su condición era más acre y más áspera, su palabra avinagrada, sus ojos unas veces echaban venablos y otras ciertos borbotones de lejía. Andaba por los aposentos de aquella casa en un silencio hosco. Era hostil su actitud. Tenía un inflamado enojo a todas horas. Regañaba por nada, enojábase enormemente por cosas baladíes.

Que se le agotaron las ricas rentas que poseía venidas de sus pasados porque un abogado trapacero de los que hay selecta abundancia en la viña del Señor, le hizo un puerco chanchullo; que le daba buenos haberes un deudor hipotecario, pero el muy bribón se puso en cobra y no supo doña Francisca su paradero; que en unas grandes extensiones labrantías que rendíanle cosechas magníficas, sesgó el río sobre ellas en una gran crecida que rompió los reparos y tomando otro camino rebalsó en las fértiles tierras y sembrados y ya quedóse de asiento en ese lugar, hizo nuevo lecho en esos campos paniegos y no se salió de ahí, sino que por ellas siguió su corriente, ancha, impetuosa, como si pasara por esos sitios desde el principio de su ser. Fueran estas cosas o fueran otras desconocidas de mayor cuantía por las que perdió doña Francisca Avendaño sus posesiones, el caso es que la dejaron depauperada, sin dar lo que era su costumbre para socorrer a muchas lacerias.

Se dolía doña Francisca Avendaño de no poder prestar alivio oportuno a las congojas a las que antes hacía mucha caridad. Ya no era larga en dar, ya no acudía presta a los deseos de nadie. Cerró de una vez la puerta a la petición. Ya no respondía y se negaba a abrir. La Mutilada, como muchos le decían, habíase vuelto de pronto muy tacaña, ¿por qué? Gentes habladoras murmuraban con fisgona malicia que de hecho le faltaba solo un dedo y no parecía sino que para no dar le faltaban todos y aun las dos manos enteras; que de cierto tenía cortada una oreja, pero que creeríase que no sólo le cercenaron esa sino las dos, y que, además, se las taparon con piedra y lodo para que no le llegase sonido alguno y estar sorda a las voces y llantos de los pobres necesitados que suplicaban.

Pero de pronto ya no fue sorda a la voz, muda al ruego e inmoble al llanto, sino que tornó a dar. Anduvo otra vez franca y liberal. Volvió a extender las palmas a los pobres. Ya tenía, de nuevo, abiertas las entrañas y manos a la piedad. Ya no era doña Francisca Avendaño señora de cortos menesteres, sino que, muy al contrario, se veían en ella cada vez grandes acrecentamientos. Se conocía que sucedíanle bien las cosas.

A menudo se iba fuera de México, ella, que antes no se movía de su casa y ahora andaba de aquí por allí, por acá y por acullá. Pero a punto fijo no sabía nadie a qué pueblos o ciudades salía con tanta frecuencia ni a hacer qué cosas.

Cuando regresaba de sus frecuentes andanzas siempre venía con bastante dinero que en un dos por tres repartía entre menesterosos y sus amados colegios, el de las Doncellas, el de Inditas, la Enseñanza, las Vizcaínas, las Bonitas, a los que nunca les faltaron las muestras de su amplia liberalidad. Un fulano, que también andaba yendo y viniendo de este lado para el otro por sus tráfagos comerciales, dijo que había visto en San Luis Potosí a doña Francisca Avendaño vendiendo unas ciertas joyas y que en otra ocasión que lo llevaron sus ajetreados negocios a Valladolid del Michoacán, la volvió a encontrar en casa de un platero negociando otras alhajas esplendentes, unas lindas miniaturas y unas jarrillas de oro con esmaltes azules.

¿Alhajas, doña Francisca? No se le conocían muchas, sólo unos pares de aretes, algunas sortijas, tal cual cadena, prendedor, pinjante y brazalete, todas ellas con piedrecillas de poco más o menos. Tendrían, acaso, guardadas, con las que comerciaba, pero siendo así, ¿eran éstas inagotables?, pues no cesaba de correr tierras tras de sus negocios de los que sacaba buenos provechos para proveer de dádivas a su amplia caridad.

Doña Francisca iba y venía, y aquí era su tema, por varios lugares del reino nada más de ella sabidos, para luego acudir con presteza al remedio de muchos males. No se estaba queda en su casa, mirando por su comodidad y regalo, sino que se pasaba la vida en ir y venir unos días y otros; pero, eso sí, a la vuelta del misterio de sus viajes traía muy buen porqué para regalar con benignidad y dar muestras de su franqueza y magnificencia. Era doña Francisca Avendaño fiel dispensadora de su hacienda. Y así, de este modo, iban sus días.

* * *

Todo México hallábase consternado porque casi a diario había asaltos en las calles más céntricas y robos cuantiosos en muchas casas principales de la ciudad y de sus pueblos circundantes. No se daba con el ladrón, estaba este maldito como sepultado en obscuridad y tinieblas. Habilísimos alguaciles y porquerones buscaban y rebuscaban afanosamente por todos lados al audaz asaltante y por parte alguna lo hallaban, hacían investigaciones hasta en los ostugos más ocultos y más revueltos escondrijos de la ciudad y no daban jamás con el bandido. Iban trasegando la población de arriba abajo y no sólo no lo encontraban, pero ni siquiera leves indicios, ni huellas para averiguar su paradero. Escudriñaban casi las mismas entrañas de la tierra en su búsqueda. Con sus diligentísimas pesquisas no sacaban nada en claro; jamás se dio con el lugar donde ese malhechor tenía su guarida y sus vivezas. Lugar bien escondido y retirado sería ése, pues que los belleguines más listos, los que en un santiamén hallaban una aguja en un pajar, no se toparon con el facineroso. Salía el tal, ejecutaba sus fechorías, y tragábaselo la tierra.

Este infame sujeto de perversa condición, se encontraba con alguno del que ya parece que sabía era trasnochante y rico, procuraba que se hallaran los dos en el lugar de la calle que estuviera más lejos de la luz del farol que aventaba las sombras, y donde éstas se apelotonaban más se le ponía frente por frente y muy comedido preguntábale la hora como aquel legendario don Juan Manuel o le hacía cualquier otra interrogación baladí, el caso era que se detuviese y, sin más ni más, cuando menos lo pensaba el pacífico y descuidado transeúnte, ya tenía encima del rostro un tremebundo puñetazo y luego otro certero con insospechada rapidez, debajo de la barba, el cual era infalible para ponerlo por tierra. El relámpago no es más veloz.

Acto seguido lo despojaba con hábil prontitud del dinero y joyas que llevase encima. Ninguno tenía ocasión de meter siquiera las manos, cuando más daba un grito y a veces ni tiempo tenía de lanzar éste, pues con las dos guantadas formidables caía redondo en el suelo con gran batacazo. En seguida el asaltante, huyendo, ponía su diligencia en los pies y se desvanecía como sombra. Andaba como la luna, siempre en tinieblas; cazaba con la oscuridad como las lechuzas.

Cuando llegaban los guardas de pito o bien algún diligente guardafaroles, encontraban al sujeto aquel tendido en la calle y aun medio atontolinado y casi sin habla por los fieros bofetones recibidos. Todos los asaltados no decían más que un desconocido les descargó sobre la cara a puño cerrado un golpe muy grande. Las señas que daban de él: que era de voz ronca, alto, robusto, de mucho hueso, fornido y forzudo, rápido de movimientos, la prueba de su ligereza estaba clara y patente en la limpia habilidad de aquellas recísimas y rotundas trompadas de troglodita loco, que no tenían réplica. El rostro, todos aseguraban también que lo traía siempre cubierto con un papahigo o antifaz para resguardarse así de que lo conocieran, pues era más lo que de él ocultaba que lo que tenía de manifiesto.

Si estos asaltos constantes a indefensos nocherniegos causaban escándalo en la ciudad, mayor era la indignación que se suscitó en toda ella cuando se supo que metíase este hombre maligno en muchas casas de ricos señores y que robaba cosas de valor: tapices, cuadros, plata labrada, joyas, dinero. No parecía sino que las monedas o las alhajas le gritaban que fuese por ellas desde el lugar en que estaban guardadas, pues, indefectiblemente, las encontraba hasta en los más ocultos cajoncillos de los bargueños, contadores, arcas y alacenos, o no sé por qué artes diabólicas llegaban estas riquezas a donde él estaba.

Si alguien lo sentía y trataba de impedir el hurto, el listísimo ladrón con dos violentos y desaforados mamporros finiquitaba cumplidamente el asunto y luego, a todo correr, salía huyendo. Las liaba, como dicen los vulgares. Si alguno quería detenerlo, en un soplo se le iba de las manos y luego, como siempre, se hurtaba a la vista de todos, vestíase oscuridades y tinieblas o metíase a siete estados debajo de tierra y ya nadie lo hallaba. Ocultábase a los ojos de todo el mundo. No osaba parecer donde fuera visto.

En todas las casas de México se hallaban arrebatados del enojo porque los alguaciles no aprehendían a ese nefando asaltador y lo tuviesen recluso en la húmeda oscuridad de un calabozo o bien prendido con grillos u otras arropeas, o con entrambos pies en un cepo y las esposas en las manos hasta que se le pudrieran todas las carnes y se le fuese la vida. Los alguaciles, a su vez, estaban dejados en manos de sus iras por no poder engarrafar a aquel maldito ladrón para cargarlo de prisiones y cadenas, o, cuando menos, molerle a coces y azotes, ejecutando así su saña contra él, ya que ése era el gusto y deseo de todo el mundo, que anduviese con ese malvado bravo y feroz el castigo. Pero esas cosas y casos no acontecían y ello constituía la desesperación de los corchetes porque temían se les acabaran por perdidas las esperanzas de hallarlo y prenderlo.

Si lista es la zorra lo es más quien la coge. Los alcaldes de Corte que tenían la capacidad bien fundada, cargaron la imaginación en fabricar tretas. Además de hacer trazas pidieron consejo y al fin tomaron un medio para salir con su intento, que parecióles a todos muy buen medio. Como solamente eran atacados los trasnochantes ricos, discurrieron bien en hacer pasar por adinerado señor, venido de la Puebla de los Ángeles, a un alguacil alto de cuerpo y delgado, de buen gesto y buen parecer, que era hábil y pronto en el manejo de la espada y el puñal. No había mejor esgrimidor que él.

Este andaba a diario muy pomposo y derrochador, exhibiéndose en todas partes para ver y ser visto en los lugares por los que discurría más gente. Iba y venía por los paseos de la Alameda, de Bucareli y de la Orilla, por los portales de las Flores, de Mercaderes y de Agustinos, por los bulliciosos patios del Real Palacio, también por todas las botillerías, por el alharaquiento juego de pelota de San Camilo, por los juegos de trucos, por tablajes, palenques de gallos y mancebías, y siempre, dondequiera, gastaba como si quisiese agotar su caudal, muy fastuoso y alegre, y como que no le importaba el dinero con tal de tener contento. Lucía vistosos trajes de mucho precio con joyas diferentes cada día, todas ellas de subido valor. En funciones de iglesias y conventos sobresalía por su gallardo porte, por el lujo esplendente de su atuendo en el que siempre estaban presentes, ya lo dije, los magníficos fulgores de sus alhajas: cintillos, cadenas, trencellines, sortijas, joyeles, broches, cordones y botonaduras de diamantes y otras piedras. Se hacía llamar don Raimundo Sendejas.

Era muy trasnochador este fingido rico para de este modo salir mejor con su intento. Con sus redes de oro pescó al fin lo que deseaba. No podía pasar inadvertida de nadie aquella exhíbita manifestación de su persona y riqueza. Noche con noche recorría la ciudad de arriba abajo, las calles más oscuras eran por las que más transitaba. Una de tantas el pelafustán dio consigo en la emboscada que le tendió el noctívago. El fuerte cayó con el fuerte.

Se metió el falso don Raimundo Sendejas por una calle larga en la que los faroles de entrambas esquinas mantenían muy densas las sombras en medio de ella y apenas en esa obscuridad había dado dos pasos, cuando halló a uno que trataba de atajárselos. Era ni más ni menos que el enmascarado forajido a quien con perseverante ahínco andaban buscando para condenarlo al rigor de la justicia. Apenas le dijo: “Señor, ¿qué hora es?”, cuando don Raimundo le metió por el pecho toda entera la hoja del puñal para no darle tiempo de que lanzase la rapidez catastrófica de sus bofetadas singulares, y no lo tuvo ni para pedir siquiera confesión, pues allí le dio a él remate de vida. En un instante la muerte le apartó el alma y el cuerpo.

Echó don Raimundo al aire el agudo y largo silbo de su chiflato y acudieron prestamente los de la ronda y a la luz de sus enrejadas linternas flamencas vieron al sujeto tras de cuya búsqueda andaban afanados desde muchos meses atrás. Yacía el difunto boca arriba, bañado cruentamente de su sangre, teñía con ella hasta los zapatos. El sombrero, encasquetado, le llegaba a los ojos. Arrancáronle el antifaz y vieron facciones de mujer y también vieron que tenía cortada una oreja en más de la mitad y que a una de sus manos le faltaba el dedo anular.

Todo encogido, con el rabo entre las piernas, las orejas gachas y mirando receloso a uno y otro lado, un perro se acercó lentamente, y con lengua acelerada se puso a lamer en el espeso charco de sangre que en menudos hilillos iba ondulando sinuosa por entre las piedras.

El pecado en coche y el señor a pie

Fornida, alta de pechos y de ademán brioso; la palabra rápida, ágil, estaba enredada siempre de dichos graciosos y de expresiones pintorescas que le daban delicioso color al ir saltando en todas sus frases. Hablaba no sólo con la boca, sino con los ojos, que le rebrincaban muy negros de un lado para el otro; hablaba con las manos y con el abanico, ya cerrándolo, ya desplegándolo; decía cosas exquisitas con el sólo contoneo de su cuerpo esbelto, ondulante y oloroso. Para todo brotaba su carcajada de retintín de plata, comunicando alegría. Era un turbión, un incontenible ímpetu, entre sedas y encajes, la famosa daifa Manolita Sandoval.

¡Qué mujer era esta tal Manolita, alocada, fogosa, y llena a la vez de suave bondad! No se andaba jamás con chicas ni con finas aleluyas con quien la ofendía, sino que le soltaba, junto con una fresca muy castiza, una repentina bofetada en medio del rostro, con la que lo dejaba hecho un arco iris o con algunos dientes de menos y algunos chichones de más, pues tenía probadas sus fuerzas con robustos jayantes, pues Manolita, a pesar de la transparente diafanidad de su encarnadura, les dobló el pulso y tumbó por tierra y a alguno que se le envalentonó insolente lo volvió de revés con el repentino puñetazo que le asestó, perjudicándole la osamenta o abriéndole la carne como breva en sazón.

Aguda era Manolita Sandoval en el epigrama, pronta en las respuestas, inexorable en el despique, desgarrada de palabras y también desgarrada de obras, pues de su cuerpo, había hecho infame finca que vendía a dineros. Con gran tino disparaba ballesta y arcabuz; hacía ágiles, admirables cabriolas en el caballo que montaba a horcajadas; con buenas piernas jineteaba en toros bravos, y aun los solía capear como el más arriesgado toreador.

Pero a pesar de sus torpezas y escándalos tenía corazón generoso y simple; una flor que perfumaba al que se le acercase. Era un alma descuidada, pero llena de fe cándida y simple, fácil al ensueño y al placer de las emocionadas contemplaciones. Esta libertina enviaba buenos donativos a conventos; los enviaba también muy buenos a cofradías y a hospitales; a huérfanos, a viudas, a muchas pobres les daba cantidades cada mes; dotó a doncellas, y a las desgraciadas mujeres de su gremio, que tenían puesta tienda de su persona, las socorría de continuo con generosa munificencia, pues como solamente vivía entretenida con ricos señores a quienes sacaba dinero sin piedad, que esos eran sus únicos fines y conveniencias, siempre lo tenía en abundancia no sólo para sus lujos excesivos, sino para las cuantiosas caridades que hacía.

Manolita era liberal y manirrota con su dinero, que jamás guardaba, sino que sin importarle un bledo lo echaba por mil partes siempre gozosa, y aunque gastaba a diario, sin prudencia, en cosas impertinentes, jamás quitaba a la necesidad lo que quería darle a la superfluidad. Dinero que le llegaba salía en el acto de sus manos pródigas, y así dejó en la miseria a muchos ricos; con su fingido amor los encaminaba al despeñadero a grandes jornadas. No hacía esta bella proxeneta sino andar asolando haciendas y casas a más y a mayores; si hubiese tenido un Perú lo habría secado y consumido en un dos por tres, en provecho de necesitados y en exquisitas magnificencias para su casa y su persona; sólo en joyas traía siempre la bella hurgamandera un patrimonio.

Se contaban horrores de Manolita Sandoval; que... ¿Pero para qué describir los horrores que se cantaban de Manolita? Eran ni más ni menos los que se suelen decir de las fáciles damas del tuzón por gente picotera, pacata y maliciosa y de lengua de hacha, que no deja hueso sano. De hembras de esa laya hay bastante que contar, y de la loquesca y revolvedora Manolita mucho más aún, porque era genial en todas sus cosas. Se comentaba lo malo que hacía, que lo bueno se callaba, y sólo a vituperarla iba el rastrero aguijonear de la crítica. Sobre ella componían coplas y se decían donaires.

* * *

Día y mes, el 12 de febrero; 1787, el año. La pomposa nobleza de México regresaba de la villa de Guadalupe entre un gran aparato de lujo. Aumentó más la magnificencia del que le era habitual. Carrozas de lento y sonoro rodar, llenas de mil reflejos en sus cajas repulidas, en la diafanidad de sus cristales, en sus adornos innumerables de plata o de plata sobredorada; caballos braceadores y arrogantes regidos por cocheros estirados dentro de tiesas libreas de terciopelo galoneado o de lampazos filipinos, que iban ya en los altos pescantes, llenas de flecos, o ya jinetes en uno de los caballos, luciendo sólo una alta bota de charol en la pierna que caía dentro del tiro; sotas y pajes en la paramentada tablilla, muy enhiestos, con sus sombreros con plumas de colores, cogidos de los tirantes bordados; y en ambas portezuelas lacayos lujosos, cabalgando en corceles enjaezados con fino esplendor, los más con herraduras de plata.

En los carruajes, que se bamboleaban suaves, muellemente, suspendidos de las sopandas, acolchados de brocados y de halagadores damascos, rojos, amarillos o verdes, y con franjas brochadas, iban damas y caballeros llenos de fragancias, envueltos en sedas de gratos matices, sobre las que se vertían los delicados fulgores de las joyas. En una carroza toda dorada venía muy refulgente y orondo el arzobispo-virrey don Antonio Núñez de Haro y Peralta. Sobre el morado coruscante de su vestidura litúrgica las luces mansas de las amatistas del pectoral.

Tornaba esta magnificente muchedumbre de la Colegiata de Guadalupe, en donde con su fastuosa elegancia fue a hacer un acto de edificante humildad: cavar los cimientos para el camarín de la Virgen, encabezada la comitiva por el conde de Santiago de Calimaya y el de San Mateo de Valparaíso. Palas de plata, zapapicos de plata, azadones y barretas de plata usaron en la pía ocupación los próceres señores; en parihuelas de terciopelo con varas doradas extraían la tierra.

Las damas estaban enternecidas viendo el arduo trabajo de sus maridos o de sus padres o hermanos, y les enviaban las caricias de sus miradas, y muchas señoras fueron a enjugarles el sudor de las frentes con los fragantes pañizuelos de batista, deshilados sutilmente, y orlados con encajes leves. La multitud popular que llenaba el santo recinto los miraba asombrada y con embeleso, y daba gracias a Dios porque le había permitido contemplar ese edificante espectáculo, y el arzobispo-virrey, rodeado de los canónigos guadalupanos y de los dignatarios de Palacio, les sonreía con delicia complacida, y bajo aquella suave sonrisa los magníficos señores continuaban su faena con ardor.

Cuando quedaron los cimientos abiertos se pusieron las primeras piedras bien escodadas; cada caballero colocó una, sacando la argamasa de tinas de plata con cucharas de lo mismo. Después el cabildo colegial les ofreció en la olorosa sacristía un abundante refresco salido del ilustre convento de las madres capuchinas y, por tanto, eximio. Los santos, desde lo alto de los muros y desde sus marcos barrocos, los veían comer con justa avidez; lo tenían bien ganado con el sudor de sus afanes.

Al acabar el suculento refresco, lleno de gloriosas excelencias conventuales, se puso en marcha la espléndida comitiva. De pronto le dio alcance y pasó rápida, presurosa, ante todos los carruajes nobiliarios, la breve y delicada carroza de Manolita Sandoval. Era como un leve nicho, rojo y dorado, lleno de filigranas, puesto delicadamente sobre cuatro ruedas encarnadas que tenían por maza una flor de plata, grande y complicada.

Al ir pasando, en cada carroza dejaba la gentil pecatriz un vivo comentario con el que la mordían con encono y le iban añadiendo escarnios a baldones para hartar la ira que le profesaban, más que por ramera, por hermosa y elegante. ¡Qué audacia la de esa gordeña atravesar por donde iba la nobleza de México, que venía de un santo y humilde ejercicio! ¡Qué atrevimiento el suyo, tan cínico, de alcanzar a los próceres carruajes con el trote largo de sus caballos retintos, que también debían de tener adentro al mismo demonio que traía su dueña en el cuerpo zarandeador!

De repente se detuvo todo aquel ilustre cortejo; la carroza de Manolita Sandoval se detuvo también. Salía el cura de la iglesia de Santa Ana, un viejecito blanco, de fino rostro apacible y de caridad fervorosa; salía con el Viático; en sus hombros, doblados por los años, brillaba el humeral de tisú chafado con el que envolvía cuidadosamente al Señor que iba a llevar la paz del perdón a una agonía.

Delante del clérigo caminaba cojeando el sacristán con su hopalanda remendada y verdinegra; llevaba un farol en una mano y en la otra una campanilla que sonaba triste, gemebunda, incesante: tin, tilín, tin, tilín, e indefinible angustia ponía en todos los pechos ese tintineo continuo. Recordaba, fatal, el fin de la vida. Y el sacerdote que conducía el bien verdadero, el que no es lodo, ni es aire, el que no es engaño, sino deliciosa verdad, caminaba despacio con su liviana carga, con el Guía Divino que iba a dar a aquel pobre moribundo para la noche obscura, sin fin, del viaje eterno.

Esta evocación fúnebre contrastaba con el lujo de las altas personas de México, las más jerarcas, las más próceres. No se veía a la muerte, pero allí invisible, iba guiando al clérigo y al viejo sacristán. Dentro de las carrozas arrodillábanse y rezaban damas y caballeros; en la calle suspendía Nuestro Amo todo movimiento y la gente hincábase de rodillas con oraciones entre los labios, y la campanita continuaba poniendo su lloro persistente, claro y fino, en el silencio de la mañana, áurea de sol.

De pronto, Manolita Sandoval, bajó con salto gentil de su reluciente carroza y se acercó al sacerdote, se arrodilló ante él y besó el viejo paño de amarillo tisú. El párroco la envolvió en la dulzura efusiva de sus ojos viejecitos. Ella le ofreció con humildad su carroza para que condujera al Señor a la casa del agonizante que esperaba, tal vez, con ansia, su amorosa visita, para que su alma reclinase la frente en el suave hombro con la ternura de San Juan en la noche de la Cena. Tomó el farol la elegante perendeca, cuya luz mortecina tenía como dormida la claridad de la mañana, y guió al clérigo hacia la delicada carroza nimbada de fulgores y abrió ella misma la portezuela de cristales y entró el Señor, como símbolo de que Él va hacia todos, ya sean buenos, o ya sean malos.

Puesta de rodillas al pie del entapizado estribo plegadizo, dijo al párroco con su voz melodiosa y acariciante que no era justo que el Señor caminase a pie y que el pecado fuera en coche y que se dignase aceptar aquella carroza para su servicio, más ocho mil pesos, para que los pusiera a censo, a fin de mantener a los caballos y pagar a los cocheros, y que por caridad no le dijese que no...

Se alzó con mucha gallardía la magnífica pencuaria sonando las profusas y pesadas estofas de su traje, cerró con sonoro golpe la diáfana portezuela de cristales, y desplegando su amplio abanico de calado varillaje, lo empezó a agitar lentamente sobre su pecho. Los innumerables chinillos de colorida cabeza de marfil y brillantes trajes holoséricos que iban en procesión por el país multicolor, le sonreían a Manolita con sus ojuelos diminutos, con su boquilla sonrosada y hasta parece que se abrieron otras nuevas flores entre los follajes de seda de aquel abanico.

Ya no murmuraban los señores, ni las damas del espléndido cortejo, sino que en silencio veían caminar a pie a la baldonada Manolita Sandoval, lenta y tranquila, con su ampuloso y susurrante traje verde de chamelote de aguas, velado por el humo sutil del manto que, desde la afiligranada cresteria de la peina de carey, bajaba casi hasta el suelo envolviéndola y revolando levemente en el aire que movía su ancho abanico de cubretalle. El arzobispo-virrey, don Antonio Núñez de Haro y Peralta, le sonrió con afable bondad; con ternura la veía alejarse. Las damas y los caballeros pasaban ante ella en sus resplandecientes carrozas, tiesos, muy espetados, sin querer mirarla; los pajes, lacayos, sotas y cocheros, se iban quitando con respeto, con reverencia, sus emplumados sombreros.

¿Fue crimen o fue burla?

Una lluvia menudita, polvorosa, bajaba del cielo, monótona y fría. Las campanadas de la queda se arrastraban tristes, lentas, con grave lentitud, entre la llovizna. Toda la ciudad estaba embozada en una espesa tiniebla. Las luces de los faroles se ahogaban en aquella negra foscura; eran sólo un débil puntito que temblaba. Los canalones de las casas, que se alzaban como una sombra maciza, chorreaban, encadenando su son unos con otros con ritmo de melancolía, que iba repercutiendo en las calles encharcadas y desiertas.

Caminaba apresurado, bajo el agua, el padre don Juan Antonio Nuño Vázquez, capellán del marqués de Santa Fe de Guardiola. Este padre era un alma cándida y amorosa, llena de caridad. Su vida era lenta y regalona, metida siempre en un apacible encanto con el feliz descuido del no tener. Venía tiritando el buen padre. Por su teja escurría abundante la lluvia; su manteo y su sotana estaban ensopados. Mientras caminaba, quería poner su pensamiento en el sermón que preparaba para el viernes de las témporas de Adviento, pero se le iba a refugiar con beatitud inefable en las suculencias de la cena que acababa de tener con don Blas Ostolosa, juez de Testamentos y de Capellanías. ¡Qué fragantes artaletes de aves, qué pierna de carnero lardeada, qué ajuelo, y, ¡ay, Señor!, qué portentosa maravilla la de aquellos frijoles refritos, refritos de ocho cazuelas, y la espumante malvasía y el vino rojo de Méntrida, retozón y caliente! Todas estas cosas fueron como dones delicados que le había enviado Dios por sus buenas obras, junto con aquel tocino del cielo y aquellos huevos moles, náufragos en almíbar, y aquellos dorados y deleznables bartolillos de crema, y aquellas tostadas en vino muslo. Sonrió con manso agrado el buen padre, y su lengua chascaba entre los labios, golosa, apresurada, melificando recuerdos.

Cruzaba el padre don Juan Antonio frente al Coliseo y por su sonrisa pasó un leve matiz de malicia al pensar en la comedia que había visto allí días atrás y en la que bailaba la Calderona un déligo y un agitado guirigurigay; pero, de repente, le atajaron el paso dos hombres, ambos con sombreros tendidos y con capas a medio embozo, y en tono humilde, compungido, le dijo uno de ellos:

—Padrecito mío, ¡qué bueno que lo encontramos! ¿Quiere hacer la caridad de confesar a un pobre enfermo? No es muy lejos de aquí, padre.

—Y aunque lo fuera, hijos, iría con mucho agrado. Vamos, díganme por dónde.

—Allí a la vuelta, en la calle de la Acequia, tenemos un coche. Venga su merced.

Llegaron al achaparrado y lóbrego Portal del Coliseo y allí estaba el carruaje, que era de los de cortinas. Subió ágil el padre, y en el interior, en la testera, estaban dos hombres; entre ellos lo sentaron, y los otros dos se pusieron en el asiento del vidrio.

—Qué noche destemplada y negra, hijos —dijo con suavidad cariñosa el padre.

—Eso no nos importa nada —le contestó uno de aquellos hombres con un vocejón áspero, atascado de tabaco, y sin más le puso una daga al pecho que aun en la sombra brillaba siniestra.

—No grite ni haga acción ninguna, porque le costará la vida. Le importa callar, padre, o si no calla, con esta daga lo mandamos a las moradas eternas.

—Bueno, callaré; pero no sé a qué viene esa violenta amenaza.

Uno de los hombres le quitó la empapada teja y, con mano brusca, le tomó la orilla de la montera con la que se abrigaba del frío la decalvada cabeza y se la bajó hasta la barba, cubriéndole toda la cara, y todavía así, encima de los ojos le pusieron, como apretada venda, un gran pañuelo de hierbas, y le ataron las manos. El coche echó a andar. La lluvia golpeaba, menudita, en las viejas tablas; el padre oía su manso, su continuo rumor; los canalones seguían descolgando el agua hacia la calle, donde rebotaba en los empedrados con un claro son que llenaba el silencio de la noche, y el viento pasaba zumbando, envuelto en la llovizna. El carruaje rodaba pesado, levantaba lejanas resonancias entre la oscuridad. Caminaron largo rato; dobló el coche por una calle y entró en otras y en otras; torcía ya a la derecha, ya a la izquierda, para caminar luego recto, bamboleante, saltando en el empedrado y derramando su violento traqueteo de tablas y de vidrios. Nadie hablaba; sólo la voz de la lluvia era la que se oía, mezclada con el rodar del coche.

Por fin, se detuvo éste, después de haber hecho larga caminata a través de la ciudad. Estaban frente a una casa de piedra que se alzaba fosca entre la noche. Bajaron en brazos al padre. Se oyó el áspero chirriar de la llave revolviéndose en la ferruginosa chapa. Entraron en la casa y en el acto subieron la escalera. Junto estaría del portón por lo poco que caminaron; contó los escalones: eran cuarenta y siete y de elevado peralte; luego sus pasos sonaron sobre madera; andaban ya por las habitaciones de la casa; también lo aseguraba así la tibieza suave y grata que se sentía. Apenas se le embebió en la venda una vaga claridad cuando oyó que le dijeron con voz bronca, resquebrajada de aguardiente:

—Aquí tiene a la persona que va a confesar primero. Acérquese, toque, aquí, aquí; sí, ésta, ésta es. Principie ya, y cuando termine, nos llama.

—¿He de hacer la confesión así como estoy? No; así no. Desátenme.

—Pues así ha de ser.

—Pues así no ha de ser. Si no me quitan la venda y no me dejan mis sentidos expeditos como lo manda el ritual, no haré la confesión que me piden; no la haré, sépanlo, y ustedes hagan de mí lo que quieran.

Sintió el padre en la garganta el frío de la daga; se estremeció, pero con resolución volvió a decir:

—Mátenme si les parece; pero si no me dejan libre es inútil todo.

Le volvieron a echar tremendas amenazas entre palabras desgarradas y de blasfemias y él se mostró firme ante ellas. Viendo su indomable energía, le quitaron la venda y le desataron las manos, pero le dejaron la montera sobre los ojos. Entre maldiciones envueltas en un agrio peste de ajos y de vinazo digerido, le dijeron que si hacía señales de reconocer a los que iba a confesar o la casa en que estaba, perdería en el acto la vida.

Empezó la confesión. Fue una confesión dolorosa, anhelante, llena de pena. La voz que le estaba derramando el alma era una voz límpida de mujer que sollozaba con angustia desesperada. Al removerse la penitente crujían sedas, sonaban agremanes y salían sutiles olores de algalia y de ámbar. Dio la absolución y llamó a los hombres, y fueron más espesas las tufaradas de vino que le echaban; con palabras dulces, afables, les imploró piedad para aquella desventurada. Rogábales que se detuvieran en el crimen que en ella iban a cometer indudablemente. No le contestó ninguno; entonces se arrodilló el buen sacerdote y les suplicaba con grandes ansias que tuvieran misericordia, y tendía hacia ellos sus brazos trémulos y vehementes, pero sin hacer caso a sus ruegos lo arrastraron hacia otra habitación.

—Aquí está la persona a quien hay que confesar ahora, y que sea pronto.

Lo dejaron solo. Se oyó un violento portazo que rompió el grave silencio de la casa.

—¿A quién voy a confesar? No veo.

—A mí, padre; a mí es al que va a oír usted en confesión. Deme la mano; siéntese aquí; ya estoy de rodillas.

Empezó a sonar en sus oídos una voz de hambre, entera, firme, sin una agitación de miedo. Pasó su mano por aquel rostro y tocó una barba aguda, una cabellera rizosa y tendida y luego palpó ropas de blando terciopelo; sí, era terciopelo de tres altos y estaba abultado con bordados. El caballero y la dama eran gente principal, no cabía duda. Terminó la confesión. Entraron los hombres y con ahínco les volvió a implorar piedad el padre Nuño Vázquez, entre sollozos y lágrimas, para aquellos dos infelices, y les hablaba de la justicia de Dios. Nadie contestó ni con una sola palabra; sus razones no entraban en esas almas duras y áridas. Lo volvieron a vendar apretadamente, le ataron las manos a la espalda, pendiente la cuerda del cuello de tal modo que si tiraba de ella queriéndose aflojar las muñecas, se ahogaría sin remedio. Lo subieron al coche y siguió rogándoles, levantando hasta ellos su corazón afligido.

Mucho tiempo anduvo el coche rebotando por calles obscuras; al fin lo bajaron en la calle del Parque de la Moneda, y con brusquedad lo fueron a echar en el quicio de una puerta y lo intimaron con feroces palabras que si pedía socorro o que si tan siquiera hablaba antes de que sonaran las doce, lo matarían, pues ellos de cerca lo iban a estar vigilando.

La lluvia seguía cayendo cernida, persistente; le untaba las ropas en el cuerpo y se le colaba hasta el alma. Hacía un frío puñalero. El aliento se le helaba al desventurado padre. Pasaron algunas gentes y él no se atrevía ni a quejarse ni tan sólo a moverse, creyendo que fuesen los pérfidos y feroces lebrones que lo andaban rondando. Con aquella violenta e incómoda postura ya no podía más el infeliz clérigo; se sentía casi morir. Al fin se quejó, pidió auxilio. A sus voces acudieron, rápidos, dos guardafaroles; lo desataron y se les quedó desmayado. Lo condujeron a la Casa de la Moneda, y allí volvió a la vida después de hacerlo oler vinagres y esencias. Ya no le importaba al padre don Juan Antonio que lo mataran; quería que cuanto antes fueran a sacar del grave peligro de muerte en que se hallaba aquella dama y aquel caballero a quienes acababa de confesar. Los guardafaroles, seguidos de otras muchas personas, fueron con él a buscar la casa, y, como era natural, no la hallaron. No cabía en sí de congoja el amoroso padre Nuño Vázquez que no hacía más que llorar y desesperarse.

Al día siguiente, temblando todo, sin caberle el corazón en el pecho, contó al marqués de Santa Fe de Guardiola el caso extraño y pavoroso que le había acontecido la noche pasada —15 de septiembre de 1791—. El marqués lo llevó ante el virrey, y el conde de Revilla Gigedo lo oyó con cuidado y atención y luego se quedó pensativo, haciéndose minuciosos razonamientos.

Puso Revilla Gigedo en activas, en incesantes investigaciones, a todos los alcaldes: a los de corte, a los mayores, a los ordinarios; soltó a indagar a los más sutiles y perspicaces belleguines; toda la ciudad la mandó escudriñar a fuerza de exquisitas diligencias. Se buscó con infatigable tesón por los más secretos apartados de México; sus más insignificantes recovecos fueron registrados por los ojos linces de la justicia, pero no se encontraba por ninguna parte ni el más leve rastro del crimen misterioso. Diez días duraron las minuciosas y largas búsquedas. Los más urgentes negocios se dejaron a un lado para que se pusiera la justicia a investigar únicamente en ese tenebroso asunto que a todo el mundo tenía conmovido, pues en la ciudad no se hablaba sino de ese crimen; todas las conversaciones estaban en él anhelantes, acongojadas. Nadie sabía nada. Pero de tanto escudriñar y de tanto revolver y pesquisar paciente, no se llegó a sacar jamás cosa alguna, ni la más pequeña luz. Fracasaron por completo todas las ingeniosas, hábiles y sutiles invenciones de Revilla Gigedo para dar con esos terribles malhechores; sólo le levantaron grandes jaquecas los planes que fraguó, y hasta pensó, y lo dijo, que si aquel crimen no habría sido sólo una burla pesada e injuriosa para reírse del padre don Juan Antonio Nuño Vázquez, tan suave, tan cándido, tan lleno de frescura como un alma villana medieval.

Índice

De la Nueva España, de Artemio de Valle-Arizpe, fue impreso en mayo de 2006, en Q Graphics, Oriente 249-C, núm. 126, C.P. 08500, México, D.F. Lectura: Gustavo Delgado, Laura López y Elvira García. Cuidado de la edición: César Gutiérrez.